Juan José Ballesta

La vida mejor

imago mundi

Juan José Ballesta

La vida mejor

El Bola, la fama, el cine y todo lo demás

En colaboración con Eva Cruz

Ediciones Destino Colección Imago Mundi **Volumen 373**

Ediciones Destino, un sello editorial de Editorial Planeta, S. A.
Avda. Diagonal, 662-664, 08034 Barcelona (España)
www.planetadelibros.com
www.edestino.es

Primera edición: octubre de 2024
ISBN: 978-84-233-6584-5
Depósito legal: B. 15.409-2024
Composición: Realización Planeta
Impresión y encuadernación: Gómez Aparicio Grupo Gráfico
Printed in Spain - Impreso en España

A toda la gente que me ayuda a tener una vida en el cine. Y a mi madre, que me ayuda a tener una vida normal.

ÍNDICE

Parte 3: Mi presente

PRÓLOGO

En primavera de 2023 se emitió en La Sexta una entrevista larga que me hizo Jordi Évole. Nos fuimos a pescar y estuvimos charlando de la vida, o más bien de mi vida. Le hablé de las veces que la fama me había agobiado tanto que me había hecho dejar el cine. A la gente le llamó mucho la atención que cambiara mi oficio de actor, justo después de ganar la Concha de Plata en el Festival de San Sebastián, para irme a currar de marmolista con un colega, ganando 700 euros al mes. Yo le expliqué a Jordi que lo hice porque no era feliz, porque no le veía sentido a la fama, y porque cada vez me hacía más y más famoso y me sentía atrapado y solo, sin poder compartir la vida normal de mis amigos.

Parece que a mucha gente le cuesta entender por qué, siendo famoso, he decidido seguir en mi barrio, en mi entorno, y trabajar en las cosas normales que hace la gente de la que me rodeo: mármol, estuco, albañilería, montar hornos, pintar casas o montar pantallas ledes, que es lo que estoy haciendo ahora, en las pausas entre rodajes o cuando veo que no me sale curro de lo mío. Porque lo mío sigue siendo actuar: sé que nací para ello. Pero tengo dos manos y me gusta trabajar, y el dinero no te cae del cielo por muy famoso que seas. Así que me muevo entre dos mundos: el de los rodajes y el de los trabajos de obrero, como los que hacían mi padre o mis tíos.

Pero esta relación con la fama y el cine no es muy habitual, y por eso Jordi quiso hablar conmigo. Lo normal, me imagino, es que protagonices una o dos películas, te hagas famoso y te compres un ático en el centro, y que a continuación cambies de entorno y de amigos. No es mi caso. Mi vida mejor está en el campo y con los míos. Como le dije a Jordi, yo no vivo con «la gente» que me conoce por el cine, la tele o, ahora, las redes sociales. Yo paso mi día a día con los míos. A veces hago películas, y ojalá me quede mucho cine dentro. Pero a veces sigo el rumbo de la vida que tengo, la mía: no me busco otra, no me encaramo a la fama para agitar ninguna bandera ni para convertirme en una persona que no soy. Soy un actor natural, y también alguien en contacto tanto con «la» naturaleza, que es lo que más me gusta, como con «mi» naturaleza: la de un tío normal, de su familia y de sus amigos de siempre.

El caso es que a raíz de esa charla con Évole contactó conmigo la editorial Destino, concretamente la editora Martina Torrades, y me propuso escribir un libro sobre cómo me manejo entre estas dos vidas mías. Al principio no entendí bien lo que querían de mí y le di muchas vueltas: «Si yo soy muy joven para escribir mis memorias», les decía. Pero en varias reuniones me explicaron que mi caso era diferente y curioso, inspiracional, y que puede ayudarnos a reflexionar sobre la fama, eso que tanta gente busca porque les parece que una vez que eres famoso, ya tienes la vida resuelta. Yo os puedo explicar que no. Y es más: os aseguro que la popularidad genera muchísimos problemas, que hay que ser fuerte para sobrellevarla y que, además, no se acaba. Primero te celebran, luego te intentan tirar del pedestal que la propia fama ha construido. Y cuando crees que la ola ya ha pasado y que estás a salvo, de repente aparecen titulares que incluyen la frase: «¿Qué fue de...?». Y tú piensas: pero si sigo aquí, si nunca me he ido a ninguna parte, si de mí no «ha sido» nada, si todo sigue siendo... No merece la pena enfadarse, pero sí aprender a mantener a raya el ego y la tontería.

Y seguir trabajando.

Tengo que decir que ha sido una experiencia muy bonita rebuscar entre mis recuerdos y poner muchas cosas en orden: las películas que he hecho, la gente a la que he conocido, las crisis personales por las que he pasado. Y sobre todo pensar en quién soy y en cuál es mi vida mejor, ahora que llego más o menos a la mitad de este camino. Bueno, ¡espero que me quede un poco más de la mitad, que acabo de dejar de fumar!

Gracias por leerme, y bienvenidos a mi vida mejor.

Se apagan las luces de la sala y empieza la peli.

I

INFANCIA

I

MAL DE ALTURA

Yo me hice muy muy famoso con once años. Tan famoso que no podía ir por la calle sin que me pararan. Tan famoso que en el colegio se empezaron a meter conmigo y me tuve que ir a otro. Tan famoso que dejé de ser Juanjo y para mucha gente me convertí en el Bola, y comenzaron a llamarme por el nombre del personaje que interpretaba. El Bola era un niño que tenía un padre que le odiaba. «Que cuando se portaba mal le encerraba en el armario a oscuras y le decía que le iba a dejar ahí hasta que se muriera. No le dejaba ir con sus amigos. Y le hacía trabajar en la ferretería. Le insultaba. Le escupía. Decía que le daba asco, que se tenía que haber muerto él y no su hermano. ¿Lo digo? Hijo de puta. Mal nacido. Cabrón. Mierda. Gilipollas.»

Me acuerdo perfectamente de este monólogo entero, lo puedo recitar del tirón. Está ahí, perfectamente archivado en mi memoria: una vez que me he aprendido un texto nunca se me olvida. Encima, este monólogo, recitado en primer plano a una cámara que no se mueve, muy serio, con una ceja rota, seguramente sea el más importante de mi carrera. Al fin y al cabo, fue el que me dio una carrera de actor. Es el plano por el que el cine me recuerda, y por el que haga lo que haga en el futuro, aunque sea mejor, se me recordará siempre, como le pasa a Ana Torrent con *Cría cuervos* o a Henry Thomas por *E.T.*

Pero me hace gracia, porque aunque al Bola le debo mucho, cuando yo tenía once años, mi vida, la de Juanjo Ballesta, era todo lo contrario. A mí, a diferencia de lo que le pasaba a él, mi madre y mi padre me han querido siempre mogollón. Siempre hemos estado unidos, siempre he sentido que mi casa era el mejor lugar del mundo y que mi familia era la gente con la que más me gustaba estar. Y yo creo que por eso no me he vuelto loco nunca.

Tenía papeletas para volverme, si no loco del todo, por lo menos un poco tarado. Un Goya con doce años, una Concha de Plata del Festival de San Sebastián con diecisiete. El techo de mi profesión antes de cumplir la mayoría de edad, antes de estar seguro, incluso, de que esta iba a llegar a ser mi profesión. Verte ahí arriba es imaginar que te caes desde una altura muy grande, y a mí las alturas no me gustan nada. Cuando veo que estoy muy arriba, que me va a entrar el vértigo, que se me queda la cabeza como sin sangre y empiezo a temblar, me bajo.

Esto es lo que he aprendido a hacer, a bajarme cuando me da el mal de altura.

Cuando hablo del mal de altura no me refiero solo a la fama, que no es más que una variable que no depende del todo de ti. Me refiero también a la ansiedad de las redes sociales, a la soledad, al miedo al fracaso..., a un montón de emociones que también te pueden dejar sin aire y como suspendido en el vacío.

Ya sabéis lo que dicen: los aterrizajes son más peligrosos que los despegues, y la mayoría de los accidentes a los alpinistas les ocurren en los descensos. Pues yo creo que he aprendido a bajarme, plantar los pies bien en el suelo, volver a echar la caña y esperar.

Puede que no parezca gran cosa, pero os juro que es como llevar paracaídas.

EL BOLA
TESELA P.C PRESENTA
UNA PELÍCULA DE
ACHERO MAÑAS
una producción de TESELA, P.C.
con JUAN JOSÉ BALLESTA PABLO GALÁN ALBERTO JIMÉNEZ
MANUEL MORÓN ANA WAGENER NIEVE DE MEDINA GLORIA MUÑOZ
JAVIER LAGO OMAR MUÑOZ SOLEDAD OSORIO
guión ACHERO MAÑAS música EDUARDO ARBIDE
diseño de producción GOLDSTEIN & STEINBERG
montaje NACHO RUIZ CAPILLAS director artístico SATUR IDARRETA
director de fotografía JUAN CARLOS GÓMEZ
productor asociado FRANCISCO LÁZARO
productor ejecutivo JOSÉ ANTONIO FÉLEZ director ACHERO MAÑAS
unicef
Con el apoyo de Unicef en defensa de los derechos de los niños maltratados.
nirvana
tve
CANAL+
DOLBY DIGITAL
INTRA movies

2

EL ACTOR NATURAL

—En la casa vamos a entrar lo justo, y la piscina, ni olerla.

Eso dice el director del *spot*. Es la primera vez que mi madre y yo estamos en un rodaje. Posiblemente sea la primera vez que oímos la palabra *spot* para hablar de lo que toda la vida ha sido un anuncio. Estamos en pleno verano, creo que es el año 1993, y se está grabando, en un *chaletazo* de La Moraleja, la campaña de la vuelta al cole de El Corte Inglés. Me han puesto bermudas de niño pijo y un plumas. Y como tengo las piernas llenas de moratones por andar todo el día haciendo el cafre por ahí, me las han maquillado. Tengo unos seis años y estoy que me pica todo, no paro de moverme. Y mi madre, por lo bajinis, me susurra:

—Juanjo, por favor, no la líes.

—Mamá, es que tengo mucho calor. Creo que me voy a desmayar.

Soy muy peliculero. Gimoteo, me revuelvo el pelo, pongo *carusa*. Mi madre está acostumbrada a mis exageraciones. No tiene miedo de que me desmaye, pero sí de muchísimas otras posibilidades aún más aparatosas. Mira a su alrededor: un salón en tonos claros lleno de cosas que se pueden manchar o romper, un jardín perfecto con su césped impecable, el agua azul de la piscina que centellea bajo el sol, quieta y pacífica. Vuelve a decirme:

—Juanjo, por Dios, no la líes.

Y yo le sonrío: «Tranquila, mami». A esa edad tengo una sonrisa irresistible.

Pero según se lo digo se me olvida que se lo he dicho, y algo me bulle por dentro. Y entonces echo a correr... y me tiro a la piscina.

¡Bomba va! ¡Chof!

¿Objetivo? Salpicar a cuanta más gente mejor, hacer mucho ruido, llamar la atención y dejar de aburrirme. Aliviar este picor de estar quieto y callado con una ropa que no me gusta.

O sea, que la lie pero bien.

Casi no tengo recuerdos anteriores a los ocho años, solo alguna imagen fugaz. Y todas, menos esta, tienen que ver con la pesca. Yo, como algunos habréis podido deducir por lo que acabo de contar, tenía trastorno por déficit de atención e hiperactividad, lo que en ciencia hoy en día se llama TDAH y en mi pueblo «ser un revolera». No paraba quieto. Solo cuando iba con mi padre a pescar era capaz de estar quieto y callado, esperando, conectando con otra cosa, concentrado. La pesca y actuar son las dos actividades que me paran.

Pero cuando era pequeño no siempre estaba pescando o delante de una cámara, claro. Normalmente lo que estaba haciendo era liarla. Pero el caso es que yo creo que al final ser así de rebelde y revoltoso me vino bien para el futuro. Eso es lo que os voy a contar en este capítulo.

Volvamos entonces a ese chalet de La Moraleja, donde estamos grabando el *spot* de la vuelta al cole de El Corte Inglés. Una campaña solo superada en importancia por la de Navidad, muy por delante de la de «ya es primavera». Decenas de millones de pesetas en juego. Cartelería por toda España, anuncios en las mejores franjas horarias de la televisión. Y coge el niño y se tira de bomba en la piscina, salpicándolo todo... Cuando saqué la cabeza del agua, con una sonrisa que no me cabía en la cara, vi que las expresiones de aquella gente —el director, los cámaras, los demás actores, los de vestuario, maquillaje y peluquería, los eléctricos, los sonidistas y mi madre— eran pura poesía. ¡Ya era primavera en esas caras! Porque las había de todos los colores: rojas, como la de mi madre, pero también blancas, amarillas y yo creo que hasta verdes.

Cuando salí de la piscina con la ropa empapada, el peinado desaparecido y el maquillaje estropeado, el rodaje tuvo que pararse más de media hora. Por lo menos cincuenta personas mano sobre mano, perdiendo el tiempo por mi culpa. ¿Pero cómo haces eso, Juanjo? Me preguntaban. Y yo no tenía más respuesta entonces que la que tengo ahora: ¡era un niño! ¡Y en mi casa no había piscina! Debí de pensar que una oportunidad como esa no la podía dejar pasar. A ver cuándo iba a volver a ver una piscina así de grande solo para mí.

Creo que nunca he vuelto a hacer esperar a nadie en un rodaje. Bueno, sí. Pero no por tirarme a una piscina, sino por irme a pescar a un río, y solamente porque no sabía que ese día había rodaje. Lo contaré más adelante, pero la verdad es que desde que empecé a currar, quitando esa travesura, siempre he sido serio y he estado concentrado. Y algo debió de salir bien a pesar de todo, porque aquella campaña de publicidad supuso el primer rodaje de mi vida, pero luego me fueron cogiendo para series de televisión, como *Querido maestro* o *Compañeros*. El niño era travieso, pero funcionaba. La agencia me seguía mandando a *castings*, y en los *castings*, me seguían eligiendo.

El pelotazo lo di con *El Bola*, que se estrenó en el año 2000, cuando yo tenía doce años. La prueba consistía precisamente en algo parecido a ese monólogo que he recitado en el primer capítulo. Achero Mañas, el director, me dijo: «Mira a esta cámara como si me fueras a pegar y dile todos los insultos que te sepas». Yo parecía más pequeño de lo que era y me sabía mogollón de tacos y de malas palabras. A ver: soy de Parla, una ciudad al sur de Madrid. Cuando oís hablar del «cinturón obrero» de Madrid, o del «cinturón rojo», están hablando de Parla. También de Getafe, Leganés, Coslada, Alcorcón, Arganda, Fuenlabrada, Móstoles o Pinto. Lugares donde, en general, no se habla como en los diccionarios. En Parla no hay famosos, ni restaurantes de postín, ni tiendas de lujo. Parla no es el barrio de Salamanca. Así que el contraste entre mi carita y los sapos y culebras que me salían por la boca era muy chocante. Se me ocurrieron frases tan chungas y humillantes que a mi madre todavía le da vergüenza acordarse. Y eso que no me vio, sino que se lo conté yo después, porque a ella no la dejaban pasar a la prueba de cámara. Y menos mal, porque igual si hubiera estado delante me hubiera cortado más. Luego la pobre me decía: «Pero, Juanjo, por favor, qué van a pensar estos señores de un niño que dice "como me pongas la mano encima, me tiro a tu hermana la coja"».

Así que, como os decía, a veces ser un pieza tiene premio.

Años después me daría cuenta de lo diferente que ese rodaje sería de los demás. Primero las pruebas, que duraban tres o cuatro horas, luego muchas semanas de ensayos, un lujo que normalmente no se tiene. Y ya en rodaje, muchos niños con los que jugar en los tiempos muertos. Y finalmente un éxito brutal, una conexión con el público que no se vive muchas veces en una carrera. Y, de colofón, el premio más importante del cine español.

¿Cómo no me iba a enganchar a eso?

Era la primera película de Achero, después de algunos cortos en los que también había trabajado con niños. Además, él mismo había sido un niño actor, así que sabía muy bien lo que se hacía. Nosotros no tanto, porque nunca nos explicó el argumento completo de la peli. Como sabéis, era sobre maltrato infantil y a él le parecía que podía ser demasiado duro para nosotros. Achero lo pasaba mal, luego contaría muchas veces que le daba la sensación de que estaba maltratando a unos niños, concretamente a mí.

Mi padre en la ficción, Manuel Morón, me pegaba en la cabeza, me insultaba, me daba patadas cuando estaba en el suelo y me decía que deseaba mi muerte. Ese personaje estaba traumatizado por haber perdido a un hijo anterior, pero además era un mal tipo que se ensañaba con su propio niño. ¿Y cómo vivía yo esa situación de maltrato, de palizas y desprecios? Pues me moría de risa. ¡En serio! Iba acolchado por todas partes, y me divertían las escenas de acción. Él me daba puñetazos y patadas, y yo me tiraba por el suelo, gritando y llorando. Y cuando decían: «¡Corten!», me levantaba riendo y preguntaba: «¿Ha valido o hacemos otra?». La gente, los otros actores, los técnicos, el propio Achero..., todos flipaban. Y fue ahí, en ese rodaje, donde escuché por primera vez una frase que me ha acompañado durante toda mi carrera: «Juanjo es un actor natural».

Un actor natural.

Quiere decir que no me hicieron falta cursillos ni muchas explicaciones para ponerme delante de la cámara y hacer lo que se me pedía: representar a alguien que siente cosas, a quien le pasan cosas que en realidad no está viviendo. Yo era peliculero, me resultaba fácil imaginarme que estaba hecho polvo, o feliz, o preocupado, memorizar mis frases y luego aprender a decirlas de forma que pareciera que me salían de dentro y que se me habían ocurrido a mí.

Pero con los años he descubierto que esa naturalidad, ese don, es muy frágil, y que jugar con él es peligroso, que lo puedes estropear si lo tocas. Hay que tenerle respeto. Yo, por ejemplo, nunca he hecho cursos de actuación, ni he trabajado con *coaches* o profesores de interpretación. He ido construyendo mi propia forma de trabajar, mis patrones. Creo un personaje en mi cabeza, lo desarrollo y lo pongo en práctica. Tirando de la intuición. Por ahora no me ha fallado, y por eso no quiero estudiar ni hurgar en mi instinto. Primero porque no se deja, y segundo porque a ver si se me va a romper.

Pero además de lo de la naturalidad, mi cara también tenía algo: una fotogenia especial, ese don que te hace salir más guapo en pantalla de lo que eres en la vida real. A ver: que feo no soy, todos en mi familia somos guapetones. Y yo no soy presumido, nunca me he puesto un filtro en Instagram ni ando todo el día mirándome en los espejos. Pero sé que doy bien por cámara: la gente me lo dice y yo lo veo. Es algo que los actores tenemos que saber, para ser realistas en relación con nuestro físico. Yo me miro en las fotos de grupo y lo veo, veo que estoy rodeado de tíos que en persona lucen atractivos, muchas veces más que yo. Pero a mi cara le pasa algo cuando la atrapa una cámara. Es como que se me ve más, como que la mirada del que observa la imagen tira para donde yo estoy. Lo que se dice «comerte la cámara». La fotogenia es así, una cuestión de suerte, un don que se tiene o no se tiene.

Luego el trabajo es saber qué hacer con eso.

El caso es que ese algo que vio Achero en mí, luego lo vería mucha gente, porque, por ese papel en el que me lo había pasado tan bien haciendo como que sufría, me dieron el Goya al mejor actor revelación. Me convertí en uno de los seis niños en toda la historia en recibir un premio de la Academia de Cine. Pero que te den un Goya, como la fotogenia, es solo el principio. Lo importante es luego saber qué hacer con eso. Y yo solo tenía doce años. Menos mal que estaba ahí mi madre.

3

MI MADRE

—¡Cojito! ¡Ven aquí, cojito!

Es el 24 de septiembre de 1994. Estoy paseando con mi madre por el centro comercial Merca 2 de Parla, como todos los días. Llevo un aparato de hierro en la pierna porque he sufrido un infarto de fémur. Tengo algo que se llama enfermedad de Perthes: por alguna razón, me ha dejado de llegar sangre a la bola de la cadera y se me está necrosando el hueso. Se va a regenerar, porque es una enfermedad que suele terminar curándose, pero ahora mismo me duele, no puedo correr y en el colegio los niños me llaman Forrest Gump, que la peli se acaba de estrenar y está siendo un bombazo. Pero no me llaman Forrest Gump porque les guste mucho el cine, ni porque admiren a Tom Hanks. Me lo llaman para burlarse de mí. No lo estoy pasando bien. Lo que más me gusta del mundo es correr y saltar, hacer deporte y llegar el primero a todo. Estar cojo es malo para cualquier niño, pero para mí es lo peor que me podría pasar. No soy de esos niños a los que les guste leer o hacer puzles. A mí lo que me gusta es dar patadas, saltar desde lo alto y caer de pie, echar carreras. Y hace muchas semanas que no puedo hacer esas cosas. Todo me da rabia. Estoy frustrado.

¿Y encima este vendedor de la ONCE me llama cojito? Algo me explota por dentro y me sale un grito, sin pensar.

—¡Y tú, cegato de mierda!

Mi madre me tira del brazo, muerta de la vergüenza. No he cumplido todavía los ocho años, pero menudo pico tengo. Mamá me da quinientas pesetas y, no sé si por congraciarse con él o simplemente porque es de las que siempre llevan lotería, me manda a comprarle dos cupones al tío con gafas de culo de vaso al que acabo de insultar.

—Pídelos distintos —me dice—, que hoy me ha dado por ahí.

Esa tarde, según luego nos ha recordado mi madre muchas veces, hubo una reunión de vecinos. Mi madre es dicharachera, se lleva bien con todo el mundo, y, con aquellos cupones en el bolsillo, recuerda que bromeó con ellos:

—Anda que como me tocaran los ciegos iba a estar yo echando la tarde con todos vosotros, que sois unos pelagatos.

Al día siguiente, domingo, le dio de comer a mi hermana Laura, que era un bebé, en casa de una vecina que tenía un hijo de la misma edad. Luego, mientras las criaturas echaban la siesta, ellas se pusieron a jugar al parchís. Tenían apenas veinte años, eran unas niñas que se seguían entreteniendo así. Y en esas estaban, con los cubiletes y los dados, cuando le dice mi madre a su vecina: «Ponme el teletexto, a ver si voy a ser millonaria».

¡Y lo era!

El 56.191, todavía se acuerda. Cinco millones de pesetas.

Pero era domingo, demasiado tarde para ir a cobrarlos. Aquellos dos cupones que yo había comprado permanecieron ocultos en el bolsillo de sus vaqueros todo el día y toda la noche. Mi madre los palpaba a cada rato y no se los quitó ni para dormir.

Con aquellos cinco millones mi padre se compró un coche, a su madre le regalaron una televisión y un aparato de VHS, a mi abuela materna le pusieron la calefacción y a mí me llevaron al Toy Planet y me compraron, creo recordar..., ¡pues la tienda entera! Al fin y al cabo, el niño había elegido el cupón y llevaba un hierro en la pierna, qué menos que regalarle la Game Boy y todos los juguetes que se le antojen. Mi casa además se llenó de muebles, colocaron una *boiserie* que ocupaba toda una pared, con un hueco para la tele, como se llevaba entonces. Pintaron las paredes y arreglaron el suelo. Aquel terrazo relucía que daba gusto.

Mi madre se reía: «¡Soy millonaria, soy millonaria!». Pero por poco tiempo. Los cinco millones volaron. Y ella no se gastó ni un duro en sí misma. Ella es así. Yo, en cuanto dispuse de mi propio dinero, le compré un coche, porque si no ella nunca lo hubiera hecho.

Mi madre es la más lista y la más guapa, y también la que mejor me conoce y la que más me quiere. Esto es lo que dicen todos los hijos de sus madres, claro. Pero es que mi madre ha sido fundamental en mi vida para que yo haya estado centrado y no me haya perdido, para enseñarme valores y obligarme a tener siempre los pies en el suelo. Y eso que a ella nunca le ha gustado mucho que yo me dedique al cine.

Al primer *casting* me llevó de paquete, por mi hermana, algún tiempo después de ganar la lotería. Todo fue idea de una hermana suya, que tenía un bebé rubio y con los ojos azules, una pepona de esas que todo el mundo te dice: «Es un bebé de anuncio». Así que mi tía pensó: «Pues si es de anuncio, que haga anuncios». Y le pidió a mi madre que la acompañara a la agencia, al fin y al cabo, mi hermana Laura era de la misma edad y podía participar en el mismo *casting*. A mí no podía dejarme solo en casa. Me acababan de quitar el hierro, y estrenaba la libertad para correr y saltar de la única manera que sabía: corriendo y saltando no siempre donde debía.

Por lo visto, de camino al *casting* yo no hacía más que llamar la atención. Iba cantando. Iba haciendo llaves de artes marciales. Hablaba con todo el mundo. A uno que tenía el pelo muy corto le decía: «¿Tú eres *skin head*? ¿Pegas a la gente? ¡Mira lo que hago yo! ¡Mira lo que hago!». Iba saltando los bolardos hasta que me clavé uno en la entrepierna. Y entonces lloré. Y gritos. Y luego más saltos. Y risas. «¡Mírame! ¡Mírame!» Algo había que hacer conmigo.

Mi madre, una mujer jovencísima, con dos niños, recién separada, que no creía en esto del cine y mucho menos en los niños actores, no sabía muy

CASILLAS
EL BOLA

bien dónde se metía, pero sí que ese mundo de la publicidad y el cine, de las cámaras, le daba un poco de miedo y cierto rechazo. Pero la agencia le explicó que esto estaba muy controlado, que los niños solo trabajaban si les gustaba, que por dejarme hacer la prueba no se comprometía a nada, y al final la agencia le hizo una oferta por apuntarnos a los dos, a mi hermana y a mí.

Y esa misma tarde la llamaron para que yo hiciera la campaña de El Corte Inglés, aquella en la que me tiré a la piscina.

De pequeño hice anuncios, y luego series, pero en realidad la primera en rodar una película de cine fue mi hermana Laura, con apenas cuatro años. Hacía de la hija de Yoyes en la película que rodaron sobre su asesinato, dirigida por Helena Taberna y protagonizada por Ana Torrent, que se estrenó en el año 2000. A mi hermana Laura le daba tanta rabia no ser capaz de leerse el guion que aprendió a leer antes de ir al colegio, solo para poder saberse sus líneas. Luego hizo algunos episodios de *Hospital Central* y el cortometraje *La valiente*, que fue muy bien y ganó premios. Pero Laura de mayor no ha querido hacer carrera como actriz. Una lástima, porque hubiera sido muy potente. El caso es que no le picó el gusanillo como a mí.

Me cuenta mi madre que yo, su hijo el revolera, el inquieto, el rebelde, el que sería diagnosticado muchos años después como TDAH, ese hijo que daba guerra por dos, se transformaba cuando gritaban «Acción». En la serie *Querido maestro* me arreglaban el último, poco antes de que tocara mi escena, porque era imposible garantizar que llegara con la ropa intacta a la secuencia, de tanto como me movía y enredaba. Pero cuando me tocaba actuar, los nervios desaparecían y ya no quería estar en otro sitio, ni hacer ninguna otra cosa. A veces cuando me preguntan: «¿A qué te hubieras dedicado si no hubieras empezado en el cine?», no sé qué responder. Porque cada vez que gritan «Acción», yo siento que he nacido para esto. Lo he notado desde el principio y ahora, casi treinta años después, me sigue pasando.

Me cuenta también mi madre que eché a andar con nueve meses, que todavía no tenía dientes, pero ya caminaba, y que era de esos niños que conseguían todo lo que se proponían: ponerse de pie, echar a andar, subirse a sitios. Y dice también que haciendo todo eso lograba mi propósito fundamental: ser el centro de atención (que para un actor no es mal objetivo). Mi madre me cuenta que cuando era pequeño hasta me hicieron la prueba de altas capacidades por consejo de José Antonio Félez, el productor de *El Bola*, que luego asesoró a mi madre en los contratos de las primeras películas que hice. Y el psiquiatra dijo que sí, que era muy listo, que tenía un 135 de coeficiente intelectual. Pero eso, sin orden, no vale para nada. Otro don, como la fotogenia, que si no estás centrado, se echa a perder.

A lo mejor el hecho de que a mi madre no le gustara que yo me dedicara al cine es de las cosas que más me han centrado. A ella no le ha impresionado nunca el mundo de la fama y el postureo, y vio desde el principio que podía traer problemas. Me cuenta que enseguida en Parla me empezaron a llamar «el chulito de las películas» y que se generó una envidia tan chunga que me insultaban a diario, me querían pegar, pasaban de integrarme en los juegos y hablaban mal de mí, tanto de frente como por detrás. El día que mi madre decidió que ya había tenido suficiente fue un día que unos niños del colegio me pegaron un chicle en el pelo y me tuvieron que rapar al cero.

Ese día mi madre decidió cambiarme de colegio. Me explica, ahora que yo también soy padre y la entiendo mejor, que eran las madres las que inoculaban la envidia en los otros niños, y que ella veía no solo cómo la fama me estaba afectando a mí, sino cómo influía sobre todos, porque llegó un momento en que yo no quería bajar al parque porque se metían conmigo. Ahora, cuando vamos juntos por la calle y me saludan, la gente suele ser maja, y ella se retira porque no es a ella a quien le hablan. Pero entonces no era así: la gente no era tan maja y encima ella no podía retirarse porque yo era un niño y no podía dejarme solo.

Me dice muchas veces: «Yo te apoyaría hicieras lo que hicieras, y estoy orgullosa de ti por la persona que eres, por cómo tratas a la gente. Pero si no fuera porque estar delante de una cámara te hace bien y te relaja, si no fuera por la vocación que tienes, nunca te hubiera animado a dedicarte a este oficio».

Y también me dice muchas veces: «Ojalá no fueras famoso».

Ser famoso es una elección que yo tomé, una consecuencia de mi trabajo, de mi vocación. Y además soy famoso desde tan pequeño que realmente no conozco otra vida. Pero, de refilón, mi fama les cambió la vida a todos en casa.

Durante años, encima, no les compensó nada, porque por muy mal que anduvieran de pasta, jamás cogieron un duro de lo que cobré mientras fui menor de edad. Fueron haciéndome un colchón para que cuando fuese adulto me encontrase intacto el fruto de tantos años de estrenos de cine.

De modo que cumplí los dieciocho, tomé posesión de mi cuenta, y... ¡qué poquito me duró el dinero! El coche que le compré a mi madre fue lo de menos. Mi filosofía de vida, mis principios más firmes, son «si yo tengo, tú tienes; si te pasa a ti, me pasa a mí». Se lo he repetido mil veces a mis amigos, a mi familia, a los compañeros: mientras yo tenga, a ti no te va a faltar.

Así que os podéis imaginar. Lo que se dice tener un agujero en cada mano. Me compré una moto, me compré un coche, le di pasta a los colegas, a uno le financiaba la compra para sus padres, a otro le daba dinero para el bonobús, al de más allá un par de talegos para que fuera a hacer unas pruebas a Madrid... Y cuando me quise dar cuenta me lo había fundido todo. Mi colchón... ¡volvía a ser el duro suelo!

Afortunadamente seguía trabajando: tenía una profesión, una facturación, unos ingresos. Una forma de ganarme la vida que, además, me encantaba.

A veces pienso que fui un poco irresponsable. Pero enseguida se me pasa, porque si tenía para gastar, era sencillamente porque había trabajado muchísimo. Entre *El Bola* y los dieciocho años, encadené un rodaje detrás de otro.

4

EL NIÑO ACTOR

En el hospital están preocupados. Los *pelones*, los niños con cáncer, se pasean por la noche por allí como Pedro por su casa, molestando a las enfermeras y a otros pacientes. Hasta se han metido en la sala de rayos y se han hecho una radiografía. Utilizando el material sanitario para divertirse. El director del hospital saca la radiografía del sobre con gesto serio, pero le cambia la cara. Hay tres cráneos, tres costillares y tres dedos haciendo una peineta. Y el jefe y todo el cuadro médico allí reunido se descojonan.

Es una de las pocas escenas de adultos de *Planta 4.ª*, la película de Antonio Mercero de 2003 que fue el siguiente gran éxito en el que participé después de *El Bola*. Esa escena me gusta especialmente porque el director del hospital, un actor vasco que se llamaba Mikel Albisu, tenía una melena blanca como de viejo león, muy del estilo del propio Mercero. Y la actitud frente a las travesuras de los niños-pacientes que mostraba ese personaje, con un físico tan parecido al de Mercero, era la misma que tenía el director de la película frente a las travesuras de los niños-actores. En esa escena se estaba retratando a sí mismo y dando la clave en la que había que interpretar la película.

Porque si los pelones se metían en líos en el hospital, no os quiero ni contar las que liábamos los que los interpretábamos. El día que, desde la octava planta, nos pusimos a tirarle piedras a un pobre tipo que estaba arreglando una farola en la calle, casi nos echan del hospital de Alcalá de Henares, donde rodábamos. Nos salvó Mercero, con el mismo argumento que usaba el director de hospital dentro de la ficción de la película: «¡Pero que son unos niños!».

Luego confesó en varias entrevistas que dirigiéndonos se había sentido como un domador de circo. Está claro que éramos unos fieras.

Hacer una película sobre niños enfermos tenía mucho que ver conmigo, porque yo había tenido bastantes problemas de salud, algunos bastante graves. El infarto de fémur que ya mencioné me había dado experiencia con las sillas de ruedas y con las muletas. Pasarme toda la película con una sola pierna me parecía casi normal, y también pasar muchos meses en el hospital y someterme a varias operaciones. Eso yo lo había vivido con seis y siete años, y lo recordaba, cosa que me ayudaba a desdramatizar. Y también a darme cuenta de lo afortunado que era y de lo frustrado que puede llegar a estar un niño movido, como yo era, que de pronto se ve sin una pierna. La sensación de injusticia, de cabreo con el mundo, las ganas de llamar la atención, de portarme mal, de provocar caos a mi alrededor. Lo entendía muy pero que muy bien. Recuerdo que durante los largos meses en los que estuve ingresado, desde mi habitación veía la construcción de lo que luego serían las Torres KIO, que ascienden sólidas pero inclinadas la una hacia la otra al final de paseo de la Castellana en Madrid. Para un arquitecto era un proyecto muy interesante. Para un niño de seis años sin nada que hacer durante horas, días y semanas, un coñazo sideral. ¿Cómo me entretenía si no podía ni saltar ni correr, ni hacerme radiografías con los colegas haciéndonos peinetas? Pues no lo sé. Supongo que martirizando a mi madre y a las enfermeras. Bueno: sé que martirizando a las enfermeras, porque me lo ha contado mi madre.

Pero debía de estar tan desesperado por salir de allí corriendo que el mismo día en el que por fin me quitaron la escayola, me abrí la cabeza saltando en la cama del hospital y no pude volver a casa ese día, sino varios más tarde, mientras se me cerraban los puntos que me habían puesto.

Mi mejor momento posiblemente fue cuando, aún llevando el hierro en la pierna, clavé un punzón de doble punta en una mesa y, al intentar volver a sacarlo, tiré tan fuerte que me saqué el ojo.

En serio. No he hecho películas gore, pero las he vivido.

Tiré para atrás con tan mala suerte que me clavé el punzón en el ojo. Me atravesé la córnea, me tocó el cristalino y se me salió el iris. Me quedé con la cavidad vacía y tuvieron que operarme de ese ojo varias veces. El niño del hierro en la pierna también llevó parche en el ojo. El pirata completo.

Así que cuando me llamaron para rodar durante meses en un hospital, dije: «¿Pasarme todo el día en un hospital, pero pudiendo irme a dormir a mi casa? Perfecto».

Planta 4.ª estaba basada en las memorias de Albert Espinosa, el coguionista, que había pasado cuatro años en un hospital, de los catorce a los dieciocho. El personaje de Izan, que interpretaba Luis Ángel Priego, era el que estaba inspirado en la vida de Albert, mientras que Gorka Moreno y yo éramos, respectivamente, el romántico y el gamberro. Al final fue mi cara la que ocupaba el cartel de la peli, y se veía por todas partes, porque tuvo mucho éxito. Estuvo nominada a mejor película en los Goya y obtuvo reconocimientos en Montreal, en Valencia y en el festival de Málaga, donde nos dieron un premio colectivo a todos los actores jóvenes de la película.

Creo que pusieron mi cara en el cartel porque yo era el más pequeño, el más gamberro y el único al que su familia no visitaba. Era el corazón emocional de la peli, el niño que más simbolizaba su espíritu: mantener el humor a pesar de la tragedia, esa cosa que tiene Mercero de conectar con la sensibilidad de todo el mundo. Y sí, la gente echaba la lagrimilla conmigo que no veas. Y eso que yo, como decía Estopa en el concierto sorpresa final de la película, he nacido para la alegría.

Pasó en la película de Mercero lo mismo que en *El viaje de Carol*, otra película que hice en aquellos años, con Imanol Uribe y que supuso el debut de Clara Lago. Yo hacía el papel de niño de pueblo gamberro, un poco salvaje pero de buen corazón, que se hacía amigo de la protagonista, Carol. Un niño huérfano de padre, traumatizado porque lo habían fusilado, que ayuda a su madre haciendo recados y cazando lo que puede. Y que se convertía en el centro emocional de la película porque (¡atención, *spoiler*!) me mataban al final en pleno acto de heroísmo infantil. Lo fuerte es que ahí me mataba el mismo que me había salvado de mi padre maltratador en *El Bola*, el actor Alberto Jiménez, que, después de haber sido el padre comprensivo y cariñoso que cualquiera hubiera deseado, aquí estaba fantástico de falangista hijoputa vengativo.

Ese rodaje fue un paraíso. Rodamos en Portugal, en Pontevedra y en aldeas de Cantabria como Liérganes, Riotuerto o Miera. Sitios preciosos, en medio del campo, lejos de todo. El ambiente que se crea en las grabaciones suele ser muy familiar: nos pasamos muchas horas juntos, todos trabajando en la misma dirección. Hay compañerismo, bromas, se va generando confianza. Pero si encima estás en un lugar idílico, rodeado de naturaleza, se crea una magia especial. Lo comprobaría más tarde en otros muchos proyectos que rodé en el campo. Pero aquí había algo que me atrae siempre como un imán: un río.

Ya sabéis lo que dicen del cine, que te pagan por esperar. Ese fue el primer rodaje en el que, si no me veían, es que me había ido a pescar. Hacía de niño cazador, con tórtolas siempre colgando del cinturón, para espanto del personaje de Carol, la niña americana que viene a pasar el último verano de la guerra con su madre al pueblo de su familia. Ahora Clara es, además de actriz, una activista por los derechos de los animales a través de la Fundación Ochotumbao, que creó con Dani Rovira. Seguro que ver esos animales muertos colgando de mis pantalones le espantaría ahora a la Clara/Carol adulta todavía más.

Andrés Santana, el productor de esa película, me daba mucha bola, me cogió cariño, ha seguido mucho mi carrera y ha contado conmigo en otros proyectos. Muchas veces cuenta que pensaba: «¿Pero dónde está el condenado niño?», y me encontraba en el puente, pescando en el río. Siempre con una caña. Su primer impulso era el de echarme la bronca, pero no podía, porque yo me sabía mi guion y el de los demás. «¿Cómo lo haces, si no te he visto nunca con un papel en la mano? ¿Pero tú qué tienes, memoria de elefante?»

Yo me moría de risa. «Y yo qué sé, Andrés. Me lo leo y me lo sé», le decía yo. «Será que he nacido para esto.»

Pero la gente se desconcertaba mucho, como me pasaba en *El Bola*, con que estuviera de bromas y risas, enredando y hablando con todo el mundo, pero siempre en posición y con el texto perfecto cuando gritaban «Acción». Podía estar llorando en una escena, hecho polvo porque Andrés Lima (el que hoy es un gran director de teatro) hacía de un guardia civil que me tenía tirria y me daba palizas, pero en cuanto gritaban «¡Corten!», sacaba la caña y me iba a pescar, con una sonrisa de oreja a oreja. Y la toma, perfecta.

Hay gente que necesita concentrarse antes y después de rodar. Yo me concentro mientras está la cámara encendida. Y aprendo de los mejores. En ese rodaje coincidí con Rosa María Sardá, que hacía de maestra. Cómo me cuidaba, y cuánto me quería. Qué buen recuerdo guardo de ella. Era un papel más tierno que los que solía hacer. Y yo la veía como a mi abuela. Y lo mismo Álvaro de Luna, que nos llevaba en el carromato y estaba siempre pendiente de nosotros y haciendo bromas.

Hacía de niño inocente y era un niño inocente. Luego empecé a hacer de quinqui y la gente empezó a pensar que era un quinqui. Y ese sambenito, cuando eres de Parla y conviertes las eses en jotas, no es fácil de quitar.

5

EL MACARRA

Estamos en Sevilla, en pleno verano. Somos una pandilla de chavales, todos menores de edad, todos con ganas de juerga. Entre nosotros hay un rollo muy guapo, aunque nos acabamos de conocer. Estamos todo el día insultándonos, pegándonos, tirándonos de los pelos, como niñatos. Yo tengo diecisiete años y soy el único actor profesional.

¿Tiene sentido esa frase? ¿Se puede ser «profesional» con diecisiete años?

No lo sé, pero el caso es que yo ya me siento profesional. Me dedico a esto desde los diez años, nací para ello, y llevo ya suficientes rodajes como para haberme dado cuenta de cuál es mi vocación y dónde está mi valía. No solo soy muy joven, sino que encima tengo cara de niño, pero igual que hasta ese momento he sido el más pequeño de todos los rodajes, aquí me toca ser el veterano. Sé manejarme en una grabación, sé qué darle a la cámara, cómo moverme, cómo ser útil, cómo no dar el coñazo y cómo asumir que en un rodaje te pagan, sobre todo, por esperar.

Que a esperar también hay que saber.

Por eso es aquí donde empiezo a hacer una cosa que repetiré luego muchas veces hasta que se convierta casi en una costumbre mía. Intento cuidar de los demás como han cuidado de mí Alberto Giménez, o Rosa María Sardá, o Álvaro de Luna. Hay actores nerviosos, que no son capaces de concentrarse para aprenderse bien el guion, y hay otros que se paralizan de miedo y que cuando dicen su texto parecen de madera. Y si tienes delante a alguien que es de madera, no puedes trabajar, porque la rigidez es muy contagiosa, y la escena entera deja de funcionar.

Yo lo veo así: a la hora de currar no hay que tener ningún miedo. Hay que tener mucha seguridad. Yo si llego a un rodaje y veo al actor con el texto en la mano..., malo. Entonces me lo llevo aparte y le digo: «Ven, vamos al camerino, vamos a pasarlo tú y yo, que no te vea la gente con el papel en la mano, que tú estés seguro, que disfrutes el papel, que estés frotándote las manos diciendo: "Van a ver estos". Y que lo juegues con ganas. Que te digas: "¡Frase! ¡Frase! ¡Frase! ¡Frase!". ¡Que se le caiga la baba a la gente cuando te vea actuar!».

Le hago ese *coaching*, lo abrazo, le doy una palmada en la espalda y nos lo aprendemos juntos. Le digo: «Dímelo otra vez. Y otra vez. Y otra vez». Hasta que fluye. Y luego volvemos a la escena y ya me mira de otra manera. Me mira de verdad.

Y rodamos.

En la serie diaria que hice años después, *Servir y proteger*, por la que circularon muchísimos actores muy jóvenes para los que ese era su primer trabajo, aquella tarea de tranquilizar a los novatos, de mirarlos a los ojos y contagiarles un poco de verdad se convirtió en una de mis tareas principales.

Pero me estoy adelantando, perdonad.

Ahora estamos en Sevilla, es verano, y la película es *7 vírgenes*. El director, Alberto Rodríguez, anda detrás del actor que hará de mi mejor amigo. Busca a alguien guapo, dulce, con pinta de jovencillo. Las directoras de *casting* Eva Leira y Yolanda Serrano apuestan por Jesús Carroza, pero Alberto no lo quiere, no lo ve. Le parece demasiado mayor, cree que tiene un gesto duro..., no lo ve en el papel y lo descarta.

Eva y Yolanda insisten y lo vuelven a meter en el *casting*. Le llevan a mil chavales y además a Jesús. Alberto lo rechaza de nuevo. Quiere a alguien diferente, con otra energía, con otra cara..., quiere a otro chico.

Le llevan a cien chavales más, pero también a Jesús. ¡Que a este ya he dicho que no!

Siguiente ronda: diez chavales nuevos, pero también Jesús.

¡De acuerdo, me rindo! Alberto reconoce que si las directoras de *casting* se empeñan en este chico, es que han visto algo que a él se le está pasando. Y le da la oportunidad.

Jesús gana el Goya y yo gano un amigo para siempre.

La película cuenta la historia de Tano, un chaval que sale del reformatorio con un permiso de fin de semana para acudir a la boda de su hermano. Se trata de no meterse en líos, pero la vida de hurtos, peleas y trapicheo que lleva su entorno, y sobre todo su mejor amigo, el Richi, que es el personaje de Jesús, no contribuye a mantenerle fuera de problemas. Encima está loco por Patri, una chavala más pija que él que le deja después de haber pasado la noche juntos.

Pobre Tano. Le han roto el corazón a pesar de que quiere ser bueno. Y a pesar de que quiere portarse bien, todo a su alrededor se desmorona y duele. ¿Cómo no va a meterse en líos?

Es una de esas pelis que cobra plenamente su sentido una vez que has visto el final. Describe el entorno social de unos chavales en el que las cosas no van a salir bien, porque no hay apoyos, porque no hay cultura, porque no hay esperanza de un futuro mejor... Es una de esas películas que si le metes esperanza, deja de ser creíble.

Y ya es chungo que la esperanza, que se supone que es lo último que se pierda, sea inverosímil.

Pero es que la sociedad también funciona un poco así. Pierde la esperanza de que la gente pobre deje de serlo, de que los que nacen con las cartas mal dadas cambien su suerte. Si te va bien cuando vienes de un entorno pobre y obrero, piensan que el éxito no te corresponde, que no vas a saber gestionarlo y que en el fondo no te lo mereces. Piensan que tu éxito no es creíble.

Hablando en plata: que si naces en Parla y eres de barrio, haces dinero rápido y tienes carita de medalla, se espera de ti que te metas en líos, y que acabes muerto o en el talego. Como el Tano.

Pero, ojo, porque la peli acababa con el Tano corriendo. A Tano no le pillan nunca. El Tano sigue corriendo.

PROD DB © Tesela Producciones Cinematográficas / DR
LES 7 VIERGES (7 Virgenes) de Alberto Rodríguez 2005
avec Juan José Ballesta et Jesus Carroza

T.C.D

Por lo que yo sé, a día de hoy, el Tano sigue corriendo libre.

A mí la verdad es que ese personaje y esa película, *7 vírgenes*, me dio todo lo contrario a problemas. Lo primero que me trajo fue a mi gran amigo Jesús Carroza.

Para que os hagáis una idea de la conexión entre Jesús y yo, un día estábamos los dos metidos en el Guadalquivir a la altura de Pino Montano. Yo había ido a buscar a Jesús desde la Alameda de Hércules, tenía que cruzar el puente de la Barqueta y atravesar el poblado de los yonquis con mi caña de pescar.

Y me decían: «Quillo, quillo, ¿quieres tranquis? Quillo, quillo, ¿tienes un euro?».

Yo era un yogurín y pasaba miedo de verdad.

A Jesús, su hermano le había regalado una moto, una TZR, y los dos nos habíamos sacado el carnet con los de Fondo Flamenco, que publicarían su primer disco un par de años después, pero ya entonces andaban cantando por los bares. Son un trío sevillano, Alejandro Astola, Antonio Manuel Ríos Sánchez —que ahora firma como Antónimo, pero al que entonces conocíamos por Dipan, que era el nombre de la panadería de sus padres—, y Rafael Ruda. La canción más conocida de ellos puede que sea *Mi estrella blanca*. Yo soy muy flamenco y muy rumbero, y desde entonces les he seguido la pista. Se han separado, se han vuelto a juntar, han cambiado de estilo, pero desde entonces les tengo simpatía.

El caso es que, para Jesús y para mí, montarnos en aquella moto e irnos a pescar era el mejor plan que se nos podía ocurrir a ninguno de los dos.

Y entonces, ese día del que me acuerdo, habíamos llevado una pequeña lancha hinchable, hacía un día perfecto, un cielo blanco de calor, el río quieto. Las cañas echadas. Y a mí se me ocurre sacar el móvil del bolsillo, básicamente por ver si me había llamado mi madre. Y según lo enciendo empieza a sonar:

—¡Juanjo!

No era mi madre. Pero yo seguía tan tranquilo.

—¡Dime! Pescando estamos.

—¡Me *cagüen* la puta, Juanjo, que está todo el rodaje esperándoos!

Ay.

Ni Jesús ni yo nos habíamos enterado de que teníamos rodaje ese día. ¡Y eso que éramos los protagonistas! Pero se nos había ido la pinza completamente.

Nos vino a buscar producción en un coche corriendo. Hubo que deshinchar la balsa a toda prisa, Jesús echando hostias para su casa, nosotros en el coche detrás de él para que dejara la moto sin que le pararan los yonquis. Cuando llegamos al rodaje, Alberto Rodríguez se tiraba de los pelos.

Muy contento no estaba con nosotros.

¿Qué probabilidades había de que fichara a un tío igual de despistado que yo y también apasionado de la pesca?

Menos mal que luego le compensó habernos fichado.

La peli fue un bombazo. Consolidó la carrera de Alberto Rodríguez y también la mía, y le dio una profesión a Jesús, que no se lo esperaba. Jesús luego se llevaría el mismo Goya que me había llevado yo de chico, el de actor revelación. A mí me nominaron a mejor actor principal, pero se lo llevó mi admiradísimo colega Óscar Jaenada, por *Camarón*.

Con el premio en San Sebastián que me habían dado unos meses antes yo había tocado una cima.

Fue muy importante, porque una cosa es que te den un Goya cuando eres un niño, subas ahí a recogerlo con un traje que te queda enorme, luego te vayas a tu casa con tu mamá y sigas yendo al cole.

Pero que te den la Concha de Plata en el Festival de Cine de San Sebastián, el más importante de tu país, con un jurado internacional, ya es otro nivel. Es una forma de decirle al mundo entero que ya no eres un actor infantil, que lo tuyo no fue una casualidad, como el burro que tocaba la flauta, sino que eres un actor de verdad y que tu talento ha madurado. Así lo sentí yo por lo menos.

Aunque también es verdad que en aquel momento no me lo terminé de creer del todo. Yo había vuelto ya del estreno, estaba en Parla, con mis colegas. Uno se había comprado una motillo y la estábamos probando en el parque. Y de repente miro el teléfono y veo no sé cuántas llamadas perdidas. Esta vez sí que era mi madre.

—¡Juanjo! ¡Corre para casa! ¡Que te han nominado a la Concha de Plata y te la van a dar!

—Pero, mamá, qué dices, que estoy con los colegas...

—¡Que te he dicho que te vengas, que ya te he hecho la maleta!

Y para allá que me fui.

Menos mal, porque me pasó una de las cosas más chulas de toda mi vida. ¿Sabéis a quién busca el cine americano cuando necesita a Dios? ¿La mejor voz del cine? Sí, amigos: Morgan Freeman, esa superestrella, ¡pidió conocerme! Y fui a verle a su habitación de hotel. Ojalá hubiera sabido más inglés, pero nunca olvidaré estrechar su mano y sentir que la mía me temblaba un poco. Morgan Freeman... Todavía no me lo creo.

¿Pero sabéis a quién le debo esa Concha de Plata, en el fondo? Vale, sí: a Alberto Rodríguez, a mis compañeros, al equipo técnico y artístico de la película y blablablá... Pero en realidad a quien más se lo debo es... a Morticia Adams.

¡Es que yo solo la conocía como Morticia Adams!

Ese año, Angelica Houston era la presidenta del jurado. Luego me enteraría de quién era en realidad: la gran Angelica Houston, leyenda del cine, hija del legendario director John Houston, pareja durante años del no menos legendario actor Jack Nicholson..., pero para mí, con diecisiete años, solo era Morticia Adams, una señora muy alta, con el pelo muy negro, un poco inquietante, que no me quitó el ojo de encima en todo el festival.

Porque en aquellos años, a ver, yo no estaba nada mal. No solo se fijaban en mí las señoras mayores. También las chicas de mi edad. Muchas. Me perseguían por las calles, en las discotecas, se metían por los pasillos de los hoteles. Leían revistas como el *Súper Pop* y el *Nuevo Vale*. Y esas revistas empezaron a ponerme en sus portadas, y a hacer pósteres con mi *gepeto* que las niñas colgaban en su habitación. Me había convertido en un hombre objeto para ellas. Y al principio, yo estaba feliz con eso.

¿Os acordáis de las camisetas sin mangas que se ponía el Tano en *7 vírgenes*, tan macarrillas?

Pues yo me las empecé a poner también. Y me dejé el pelo larguillo por detrás. Me daba un aire entre rumbero y delincuencial. Yo me veía muy guapetón. Mi madre me decía: «Pero, Juanjo, ¿y esas pintas?».

Y yo mirando de soslayo, subiendo un hombro, poniendo posturitas y tocándome el pelo.

Reconozco que pasé unos meses un poco imbécil. Pero de ese mal de altura me conseguí bajar también.

Ahora que lo pienso, puede que aquello más que una bajada fuera un aterrizaje forzoso, con sirenas de emergencia y toboganes. ¡Las mujeres y los niños primero!

Pero no lo cambio por nada.

6

EL PRIMER PARÓN

¿Mola que te persigan las chicas por los pasillos de los hoteles?

Si no te ha pasado nunca, para qué os voy a mentir. Sí. Mola. Al final eres tú, y hay una chica, y le gustas, y sois dos personas negociando algo que puede ser divertido y guay.

¿Mola cuando te pasa por segunda vez? ¿Cuando tienes que huir porque la gente te persigue y te quiere robar o sobar y tú no conoces a esa gente de nada y tienes miedo y ganas de descansar o de estar solo?

NO.

Cuando te pasa por segunda vez es una mierda.

Cuando no puedes salir de casa, cuando todo el mundo te mira, cuando pierdes tu libertad y tu forma inocente de relacionarte con la gente, cuando nadie te trata con naturalidad y te envidian o te desprecian o te odian o quieren aprovecharse de ti porque has dejado de ser una persona y te has convertido en «un famoso», entonces es una puta mierda.

Así me sentí yo después del éxito de *7 vírgenes*.

Así que decidí dejar el cine, porque no era feliz. Porque no podía salir a gastar ni un euro de los que había ganado sin que me pararan doscientas veces. Me levantaba por la mañana agobiado, sin saber qué hacer, porque cualquier movimiento fuera de casa provocaba una especie de remolino cuyo centro era yo. Una escena que se me ha quedado grabada pasó un día que me compré un polo. Era verano, hacía calor, y me pedí uno de limón en un puesto de helados. Y se me derritió en la mano sin probarlo porque no pararon de hacerme fotos.

¿Pero por qué no puedo yo comerme un polo tranquilo? Parece una pregunta tonta, un capricho infantil. A lo mejor por eso mismo se me quedó tan grabado, porque era una cosa sencilla, algo que hace cualquiera, y que yo mismo había hecho toda la vida. «Mamá, salgo a dar una vuelta, dame para un polo.» Pues precisamente eso, lo sencillo, era lo más difícil de hacer.

De verdad que siempre he sido un tío humilde, no quería dármelas de nada. Y, de hecho, nunca le decía a la gente que no, porque me sentía halagado, porque me parecía de mala educación no hacerme fotos con las personas que me lo pedían, y encima me insistían en que hay que aprovechar ese momento... Total, que no sabía separar, no era capaz de decir: «Hasta aquí soy Juanjo, una persona normal, y a partir de aquí soy el Bola y estoy para vosotros». Yo estaba siempre en modo *on*. Ahora me doy cuenta de que yo era una novedad, un «evento» singular en la vida de ellos, mientras que ellos, para mí, eran muchos, y se parecían entre ellos. No tenía tiempo de individualizar a cada fan. Estaba abrumado. La situación pudo conmigo.

Imaginaos que tenéis diecisiete años, un montón de pasta, sois famosos, y vuestros amigos empiezan a no querer ir con vosotros.

Porque la cosa era así, imaginaos:

—Bola, estamos hasta los cojones, que le den por culo a la gente.

—¡Pero es que es mi público, me debo a ellos! ¡Cómo no les voy a responder si me saludan!

—Ya, pues entonces no quedes con nosotros. Nosotros nos vamos, que hemos quedado con unas pibas en el parque en Leganés.

Éramos mucho de quedar en ese parque, luego nos íbamos a los recreativos, luego a la bolera... Pero cuando yo iba por el parque, ellos ya iban por la bolera, porque a mí me habían parado mil veces. Y los tenía que llamar: «Oye, que dónde estáis», e ir para allá. La gente se ponía a hacer cola para hacerse fotos conmigo. Y claro, mis colegas pasaban de esperar: «¡Nos piramos, ya nos llamas!».

La gente me agobiaba mucho. No solo de noche. A lo mejor estaba haciendo la compra, eligiendo el tetrabrik que iba a comprar, y miraba para un lado y veía que estaban todas las cajeras asomadas al pasillo. Parecía la coreografía de un musical, solo que yo no estaba bailando.

A veces me daba la vuelta, iba por detrás de ellas y les decía: «¡Eh!, ¿qué queréis? Me estás jodiendo, no me dejáis comprar tranquilo. ¿Una foto? Venga, nos echamos una foto, pero no me persigáis, que quiero ser una persona normal y me está mirando todo el Carrefour».

Si no lo habéis vivido, igual no es fácil de entender. Pero yo no era feliz.

Llegó un momento en que me agobiaba salir a la calle. Supuestamente tenía más amigos y más éxito que nunca, pero estaba encerrado en mi casa, aislado, solo. Me comía la ansiedad, la sensación de que no había nada que yo pudiera hacer para detener la rueda. Si seguía trabajando, me haría más famoso, sería más difícil salir a la calle, mi vida se convertiría en la de una persona que yo no quería ser. No quería convertirme en un tío solitario, viviendo en un castillo, separado de mi realidad, de mi gente, de las calles que conocía y en las que había crecido. De mi acento, mi barrio, mi entorno. Tenía la sensación de que mi vida, la que a mí me gustaba, iba a desaparecer si seguía en el cine. Pensar en dejarlo era lo único que no me daba ansiedad, que me creaba una sensación de liberación. Volver a ser una persona anónima, tener un trabajo normal, vivir la vida para la que había nacido. Esa me parecía la única salida.

Después ha habido muchas veces en las que he estado mal de dinero. Pero ahí me di cuenta de hasta qué punto el dinero no da la felicidad. Ayuda, porque sin él no haces nada en la vida, pero yo no lo disfrutaba. No era feliz.

El caso es que en esa época tenía mucho dinero. Era un chaval a punto de cumplir la mayoría de edad y me habían pagado 120.000 euros por *7 vírge-*

nes. Que quitando luego el representante y los impuestos y demás, se te queda en la mitad más o menos. Sigue siendo una buena cantidad. Pero yo no podía disfrutar de la pasta.

Así que me dije: «No voy a ser actor nunca más. A la mierda esta vida. Ya tengo mis ahorros, vamos a hacer vida normal». Me puse a trabajar de marmolista, cobrando unos 700-800 euros al mes. Y estuve muy a gusto con esta profesión. Pero, aun así, la fama me repercutía, porque llegaba a una casa a poner una encimera y me decían: «Hombre, pero si tú eres el Bola. ¿De verdad te hace falta poner encimeras? Pero si eres actor, tienes que tener mucho dinero...».

La gente se mete en todo.

Me di cuenta de que también iba a ser complicado trabajar en algo normal. Y además empecé a echar de menos el cine. Yo no soy un gran marmolista, ni un gran albañil, ni un gran encofrador, ni un gran instalador de hornos. Lo sé hacer, y no te voy a dejar una obra empantanada. Soy honesto currando, y no se me caen los anillos. Sudo como el que más y me siento orgulloso del trabajo bien hecho. Y por supuesto estoy dispuesto a perfeccionar mi técnica y puedo llegar a hacerlo mejor que razonablemente bien. Me ponía a lijar, a cargar con las piedras, a colocarlas con cuidado y, sí, sentía la satisfacción de ver ese trabajo hecho y bien hecho. Pero no terminaba la jornada con la impresión de haberlo bordado, con esa sensación clara y nítida de haber nacido para eso. Que es algo que sí me pasa cuando clavo una escena, cuando siento que me he convertido en un personaje y que lo he defendido delante de la cámara mejor que nadie. Que entre los otros actores y yo se ha establecido una conexión real, que la cámara ha captado una verdad que siempre tiene algo de irrepetible.

Es un subidón increíble. Como una música perfectamente afinada. Tocar el cielo un poquito.

Tuve que parar para darme cuenta de que el cine era mi vocación. Supe que a veces es necesario frenar para encontrarte y luego volver. Con más fuerza.

Pero esto sigue llamando mucho la atención: el Ballesta, cuando no curra en el cine, trabaja de paleta en las obras. Pero es que si no trabajo, ¿qué hago yo parado todo el día? Cuando el diablo se aburre, ya sabéis..., nada bueno. Y yo necesito estar ocupado.

¿Preferiría estar rodando películas y series todo el tiempo?

Sí, pero el teléfono no suena siempre, y yo no voy a estar sentado esperando que alguien se acuerde de mí. Mi repre de entonces fue muy respetuoso: «Lo importante es que estés bien», me dijo. Y me dejó tranquilo. A lo mejor porque ese primer parón no duró mucho y no le dio tiempo a impacientarse conmigo.

¿Me podría haber puesto a hacer cursos en vez de ponerme a trabajar? Pues la verdad es que nunca me ha dado por ahí. Una vez me hice uno de contabilidad, el ContaPlus Élite se llamaba. Cuatrocientas horas. Ni sé cómo lo acabé. ¡Ni para qué, si no lo he usado en mi vida!

Hay gente que me dice que por qué no me puse a formarme como actor, pero yo nunca he querido. Yo soy un actor intuitivo, y hay cosas que sé hacer. Mi padre es carpintero encofrador y yo he ido a la obra con él. Los clavos del doce los apoya y, zas, los mete de una. Yo los apoyo y, plas, me aplasto el dedo. Él coge una carretilla, la lleva, coge otra, dos, tres, como quien lava. Llevo yo una y me salen ampollas en todas partes. Mi padre ha nacido para ser carpintero encofrador y yo he nacido para el cine. Si me pusiera a hacer un curso en el que tengo que interpretar, hacer caras, mirarme al espejo..., es que me daría vergüenza. Iría un día y no volvería.

Esto es algo interesante de los actores que mucha gente de fuera de la profesión no sabe: no actuamos, en el sentido de que no fingimos. Por eso digo que no ponemos caras y posturas... Dejamos que el personaje entre en nosotros y sea él quien nos lleve. Es un matiz, pero es importantísimo. Trabajamos de dentro afuera, no al revés. Por eso hay tanto actor llorón y sensible, porque tenemos un acceso rápido a las emociones. Son nuestro material de trabajo. Las necesitamos cerca.

¿Que eso nos hace un poco peliculeros? Pues claro. Tiene su lado bueno y su lado malo.

El caso es que al poco de estar de albañil empecé a echar mucho de menos el cine. Porque cuando eres actor, cuando eso está en tu naturaleza, es muy difícil negarlo y te da tristeza no trabajarlo. Yo tuve suerte. Pude volver a mi profesión rápido, sin que me reprocharan la chulería de decir: «¡Ya no quiero ser actor!». Y encima me llamaron para hacer un personaje completamente distinto a todos los demás que había interpretado.

Me ofrecieron *Cabeza de perro*, que se estrenó en 2006. El director, Santi Amodeo, era de Sevilla, colaborador e íntimo amigo de Alberto Rodríguez, y había escrito una peli sobre un chaval que se llamaba Samuel. No era un chico de barrio, sino un niño de clase media-alta, sensible y con un problema cerebral. Si queréis oírme con el acento más pijo (vale: con el acento más «correcto») que he usado nunca en el cine, podéis ver *Cabeza de perro*, que además es una película preciosa, distinta a todas. Adriana Ugarte, que luego ha sido una estrella del cine español, consiguió la nominación al Goya a actriz revelación por su papel en esa película. Hay que ver la cantidad de veces que ese Goya ha pasado por mi vida.

Pero lo más importante de ese rodaje fue que me hice amigo de una leyenda del cine español en el que iba a ser su penúltimo papel: Manuel Alexandre.

Rodábamos en un segundo piso de una casa antigua, que se suponía que era la casa de él. Él llegaba todas las mañanas el primero, porque como era muy mayor, no controlaba. Había que ponerle pañal y vestirle antes de nada. A veces no era fácil. Era enfadica como un niño y a las de vestuario se lo hacía pasar mal. Pero a mí, por lo que fuera, me quería mucho, así que hasta que no llegaba yo al rodaje, él no iba al set, porque le gustaba que yo le subiera en brazos. Siempre estaba esperándome. Me decía: «Qué pasa, Juanjito, corazón». Venía, me daba un abrazo, y yo le llevaba por las escaleras hasta el segundo. Y ya nos poníamos a ensayar con Santi Amodeo.

Era muy mayor pero gamberrete. A él le hacían comida especial, porque era una leyenda, y porque tenía muchos años, así que se merecía un trato especial, mientras que los demás comíamos de batalla. Y entonces me decía: «Mañana no vengo, mañana voy con mi hermana al hospital. Pero me han preguntado qué quiero comer. ¿Tú qué quieres comer, que lo pido para ti? ¿Filete de ternera, rabo con patatas...? ¡Elige!». Y me acuerdo de que encargué un filete y él me lo pidió, y cuando lo trajeron y él no estaba, me lo comí yo y luego me preguntó, con ese brillo en los ojillos: «¿Qué? ¿Te lo comiste?», y se reía por haberle colado el gasto a producción. Me hacía muchísima gracia que con noventa y tantos años le divirtiese tanto ser travieso.

Antes de morir, en una de sus últimas entrevistas, le preguntaron por algún actor joven al que le tuviera cariño y él habló de mí. Me acuerdo porque me lo envió Óscar Jaenada. Ya había perdido la cabeza, pero se acordaba de mí. «Yo, si tengo que hablar de alguien, es de Juan José Ballesta, el mejor actor que he conocido y además le quiero un montón, para mí es como un nieto, como un hijo...»

Manuel Alexandre hizo cientos de películas, pero quiso hablar bien de mí. Qué suerte tuve de conocerle.

Si a mí me preguntaran y tuviera que hablar de los actores que me han impresionado, también hablaría de él. De Manuel Alexandre, de Jaenada y de

Roberto Enríquez, con quien coincidí en 2010 en el rodaje de *Hispania: la leyenda*. Me impresionó mucho porque es muy cauto, muy sereno, muy sano. Tiene mucha actitud y ningún miedo a la hora de currar. Aprendí mucho de él no solo como actor, sino también como persona, simplemente por estar cerca de él. Fijaos en una cosa: en el palmarés de Roberto lo que más hay son premios de la Unión de Actores de televisión, teatro y cine. Y es que es un actor de actores, los que hemos trabajado con él le apreciamos muchísimo.

El caso es que por esa época, entre el parón y las dudas sobre si era actor o no era actor, me pasó algo extraordinario.

Me enamoré.

Las cosas sucedieron así. Un día llega mi madre a casa y me dice:

—He conocido una chavala que me gusta para ti. Trabaja en la peluquería. Le he pedido el teléfono.

Y yo, ¿qué iba a hacer? ¿Lanzarme a llamarla como si esto fuera un matrimonio concertado? Pues no.

Pero sí que fui a la peluquería a cortarme el pelo.

Y me gustó.

Normal: la Vero es una monada, y muy graciosa y echada para delante. Es imposible que no te guste. Así que quedamos para salir.

Y se me olvidó y no fui.

¡Le di plantón! A la que luego he llamado mil veces la mujer de todas mis vidas, a la madre de mi hijo, la primera vez que quedamos le di plantón. Ella pensó: «Mira el chulito este, a ver si va a tener razón la gente que dice que se le ha subido la fama a la cabeza». Afortunadamente me dio otra oportunidad, porque yo también le había gustado.

Y desde la segunda vez que quedamos no nos volvimos a separar nunca más en quince años. Yo encarrilé mi vida completamente y mientras nos duró el amor nunca volví a sentir la necesidad de parar.

2

JUVENTUD

7

EL PADRE

Son las ocho de la mañana y estamos en la sala de espera del hospital de Parla la Vero, su bombo, su madre, mi madre, yo... y una publicista de la multinacional Warner.

¿Qué hace ahí esa señora? Pues podríamos decir que me está vigilando. Estamos en plena promoción de *Ladrones*, una peli chulísima que he hecho con María Valverde. Todo el mundo habla de la química que hay entre nosotros, que somos la pareja perfecta, la combinación romántica del momento, tan jovencitos y tan guapos.

A mí todo lo que me dicen me da exactamente igual. Lo que se pueda ver en la pantalla de cine me interesa muchísimo menos de lo que se ve en la pantalla del ecógrafo del hospital. La Vero está embarazada de nuestro hijo y es lo único que me importa en el mundo.

Mientras nosotros estamos en una sala de espera en Madrid para entrar a la ecografía en 3D que tenemos programada, un evento de prensa se está llenando de periodistas en Barcelona. Ahí se sientan el director, Jaime Marqués, los de Warner, María

Valverde... Pero yo no aparezco. Ellos van contestando las preguntas, mirando el reloj, y yo que no llego.

Aparezco casi dos horas más tarde.

—¡Perdonadme! ¡Perdonadme! ¡Vengo de la ecografía en 3D de mi hijo! ¡Le he podido ver la colita! ¡Es un niño!

A mi repre, Mabel, le encanta contar esta historia. Ella era entonces la representante de María Valverde, pero en el rodaje de *Ladrones* se había quedado con mi cara. Le gustaba que no me comiera la cabeza, que estuviera de charla con todo el mundo en el rodaje, tan tranquilo, y cuando decían «Acción» era capaz de darle toda la intensidad. Ella había sido actriz de niña (no le gusta que lo diga porque delata su edad, pero ¡era una de las niñas de *Crónicas de un pueblo*, la serie de televisión de los años setenta!), nos conoce bien a los actores, y yo le gusté. «Un día trabajaremos juntos», me decía.

Y menos mal que le hice caso, porque las cosas buenas que me han pasado en los últimos años, incluido escribir este libro, han sido gracias a ella.

Ella se acuerda de aquella rueda de prensa mucho mejor que yo, porque la vivió desde fuera. Yo me acuerdo mucho más de mis nervios, de lo importante que era estar con Vero y con nuestras familias en el hospital, confiar en que todo estuviera marchando bien, mantenernos cerca de nuestro ginecólogo... Para la gente de la distribuidora, Warner, lo normal hubiera sido que yo solo atendiera mis compromisos profesionales, hablando de la película, del reto interpretativo, del personaje, del director... Pero yo insistí en que tenía que estar con la Vero en el hospital de Madrid donde nos visitábamos.

—Que te ponemos un ginecólogo en Barcelona —me decían.

—Ni de coña. Nosotros vamos a nuestro médico de la seguridad social que nos lleva todo desde el principio.

Así que me mandaron a una de producción al hospital, para asegurarse de que llegaba a la rueda de prensa.

Mabel siempre me recuerda cómo me metí a todos aquellos periodistas en el bolsillo. Y yo le contesto: «De verdad que no lo hice para ganármelos, que estaba emocionado de corazón».

Vero y yo vivimos el embarazo con muchísima ilusión y alegría. Teníamos solo veinte años, íbamos a ser unos padres jóvenes y enrollados, los mejores del mundo. Pero cuando nació Juanjito, Vero cayó en una depresión. Lloraba muchísimo. Luego nos informamos de lo que es la depresión posparto y lo pudimos normalizar: es una revolución hormonal, no es lo que te está pasando, sino cómo lo estás viviendo, como casi todo en la vida. Suele durar unas pocas semanas, a lo mejor unos meses, y lo normal es que se vaya pasando, que se levante como una nube negra. Yo creo, pensando en ello ahora, que éramos muy jóvenes y nos lanzamos a la aventura sin saber muy bien dónde nos metíamos, sobre todo ella, pobrecita. Porque para la madre es más duro: le cambia el cuerpo, el bebé la necesita sobre todo a ella y las hormonas no colaboran. Era como si se le hubiera caído el mundo encima, y en parte es razonable pensarlo, porque había una personita dependiente de ella.

Yo tengo que decir que disfruté muchísimo de esa primera fase de la paternidad. No sé por qué, pero me consideré padre enseguida, y solo sentía alegría y orgullo cuando miraba a Juanjito. Sin embargo, en aquel momento, aquella reacción de Vero fue dura para todos. A ella le daba miedo tocar al niño, agarrarle, cogerle, y yo tenía que curarle los puntos a ella, desinfectarle el cordón al niño, hacer los biberones y darle las tomas, prepararle a ella la comida... Fue muy intenso y muy bonito. Una rutina muy medida, unos días que estás tan liado que no tienes tiempo ni para ducharte, viviendo todo el rato fuera de ti, para los demás. No has acabado bien con una tarea, tienes que empezar con otra mientras el niño no llora, rápido, a poner la comida, se despierta, le coges, la comida sigue al fuego, tienes que cambiarle, pero con la otra mano mueves un caldero, llaman al timbre, tú con el niño en brazos... En fin: ya sabéis cómo son los primeros días con un bebé en casa. Pasas tantos días sin parar ni para dormir que cuando sales es como si fueras otra persona.

Bueno, y es que eres otra persona. Eres un padre.

A Vero la depresión le duró poco, mes y pico. Estábamos ya en el campo, en una casa que había comprado yo para nosotros, y en cuanto ella se puso bien empezó la etapa más feliz de mi vida. Mi mujer, mi bebé y yo, a veces en el campo, a veces de rodaje en rodaje. Mientras el niño fue pequeño lo

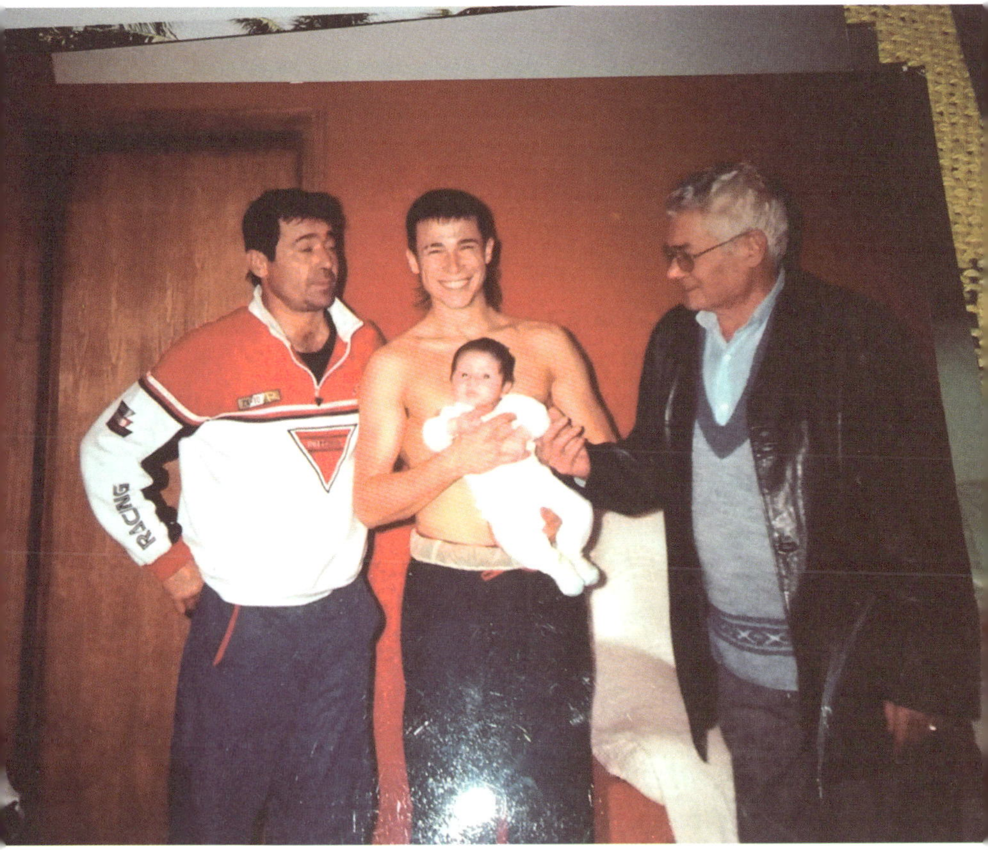
RACING

hicimos así, me llevaba a mi familia a todas partes, por contrato. Y creo que los tres rodajes en los que más he disfrutado en toda mi vida llegaron justo en ese momento.

Será que la felicidad llama a la felicidad, que cuando estás bien por dentro te pasan cosas buenas.

El primero es de una película que se estrenó en 2009, que yo rodé al poco de convertirme en padre, que se titula precisamente *La casa de mi padre* y en la que conocí a un director, Gorka Merchán, que se convirtió en mi hermano mayor —por no decir en otro padre.

La relación entre Gorka Merchán y yo tiene un reverso tenebroso, que es lo mal que lo pasó él después del estreno de la peli. Trataba sobre el conflicto vasco, concretamente sobre la *kale borroka*. En esos años ETA aún mataba, y una película así, que hacía un discurso matizado, de grises, incomodó a mucha gente. La cinta estuvo diez años sin emitirse en televisión, y Gorka estuvo amenazado, llegó a recibir una bala por correo, se tuvo que ir del País Vasco y no ha vuelto a dirigir cine.

Siempre me dice que soy su hermano pequeño hiperactivo. Y me promete: «Hermano, volveremos a trabajar juntos en una película». Y yo le digo: «Ojalá, hermano».

Diez años después de que yo hiciese esa película con Gorka se estrena la serie *Patria*, basada en la novela de Fernando Aramburu, y todo el mundo lo flipa. Pero casi todo lo que se cuenta en *Patria*, sin desmerecer lo importante que fue y el fenómeno que supuso, estaba ya en la película de Gorka. Aparecer en el momento adecuado es una clave importantísima del éxito, pero, para algunos, *La casa de mi padre* es la mejor película que se ha hecho sobre el conflicto vasco. Gorka la ha colgado gratis en YouTube, lo que es un regalazo a todos. Estamos Carmelo Gómez, Emma Suárez, Verónica Echegui y yo. Verónica habla con acento argentino... ¡y yo hablo en euskera! Me lo aprendí fonéticamente, pero creo que quedó bastante bien. En la versión que se estrenó en salas, para que veáis cómo son las cosas, a Gorka no le dieron montaje final y quitaron mis frases en euskera. La peli pierde, claro. En el fondo perdemos todos.

Yo llegué a ese rodaje recomendado por el productor, que consideraba que me encajaba el papel. Un joven que está metido en la *kale borroka* al fin y al cabo no es más que un macarrilla, pero más al norte, y a mí los macarrillas se me daban bien, independientemente de la latitud. Del conflicto vasco, en cambio, yo no tenía ni idea. Así que me acerqué a Gorka y se lo confesé. Y me dijo: «Ni falta que hace. Yo te voy a dar todo lo que necesites. ¿Ves ese coche amarillo de ahí? Pues esa es la policía. ¡Vamos!».

Y empezamos a jugar, por la calle, inventándonos la vida de nuestros personajes. ¿Ves estas cuatro sillas? Son un coche. Esta mesa de *camping* es la barra de un bar. A mí el ambiente que generaba Gorka como director, de juego y confianza, me encantaba. Luego me pasaba más de la mitad de la peli cabreado con el mundo, pero fue un rodaje superfeliz. Por lo menos para mí. Igual para Verónica

Echegui no tanto, ella es de las que se tienen que concentrar, se pone los cascos, se mete en su mundo... Tuvo que decirle a Gorka: «Por favor, dile a Juanjo que se calle, que salimos de la escena, yo estoy todavía llorando, ¡y él está hablando de si le ha echado azafrán a la paella!».

Mi energía dispersa le ponía de los nervios, pobrecilla. Pero Gorka me sabía encauzar.

Tuvimos cuatro semanas de ensayos, que es como le gusta trabajar a Gorka, porque mientras nosotros vamos haciendo cosas que se nos ocurren, él puede visualizar dónde colocará la cámara y pensar planos y encuadres. Entre Gorka y yo la cosa fluyó muy bien. Él se fio de mí, y cuando a mí me dan cancha, yo me crezco. Gorka me trataba tan bien, con tanta generosidad y tanto respeto, que a todo le decía que sí.

Él siempre dice que a los actores hay que darles herramientas y confianza, que un actor es un instrumento que hay que saber tocar, y que cuando un actor está mal la culpa siempre siempre es del director. También se queja muchas veces de que el cine no me use más, dice que dejarme en casa sin trabajar es como tener hambre y 100.000 euros debajo de la cama. Que te digan esas cosas te abre un espacio de confianza enorme. Y así, claro, no solo aprendí euskera, también aprendí a jugar a pelota vasca. Si Gorka me lo pide, soy capaz de aprender a rapear en ruso.

En esta época de mi vida, y con Gorka, descubrí una cosa muy importante: la memoria muscular. A él le llama la atención que yo aprenda tan rápido a hacer cosas que hago por primera vez.

Años después vino con su hermano a quedarse unos días en mi casa en el campo. Le hice de comer, no le dejé ayudar en nada, le preparé una habitación de lujo, ¡hasta le puse pétalos encima de la cama, y un bombón, como si estuviera en un hotel! Quería tratarle a cuerpo de rey porque siempre quiero que sepa que le quiero y me hacía ilusión que estuviera en mi casa.

Pero nos pusimos a jugar a la Play, y ahí no vale el cariño: le pegué una paliza, a él y a su hermano. Me decían: «Juanjo, cabrón, si a este videojuego tú nunca has jugado». Es como que a mi cuerpo se le da bien recordar lo que tiene que hacer, interioriza los movimientos. Yo veo a alguien hacer algo y lo imito sin problemas, mi cuerpo lo sabe hacer. Con poca práctica, me sale.

Cuando se puso de moda eso de las inteligencias múltiples, se hablaba de la inteligencia interpersonal, de la musical, de la lógico-matemática, de la lingüística... Y también se hablaba de la corporal, y yo creo que esa es la mía. La de los atletas, los bailarines o los artesanos. A mí me llevan a un partido de pelota vasca y aprendo a jugar. Me ponen un videojuego delante y aprendo a ganar. Me da por el *kick boxing* y acabo de campeón de España de mi categoría.

Si tú al cuerpo le enseñas a hacer algo muy bien, con perfección, le estás haciendo un regalo y te lo estás haciendo a ti mismo: le estás dando un refugio, un lugar a donde ir siempre, en el que las cosas salen bien. Y ese bienestar, esa calma, el alivio de haber rozado la perfección, pasa del cuerpo a la cabeza. Lo que cuenta la película de Gorka también va un poco por ahí: mi personaje, Gaizka, y su tío Txomin, que interpreta Carmelo Gómez, se reconcilian jugando juntos a la pelota, entrenando, corriendo por el pueblo, haciendo flexiones. Se están comunicando con el cuerpo.

Por eso, cuando las cosas se tuercen, como me está pasando a mí en 2023, mientras escribo este libro, mi respuesta está en mi casa y en el deporte. Con la gente a la que conozco, concentrado en ser un buen padre, obedeciendo a mi cuerpo, haciendo las cosas que sé que hago bien.

Pero todavía queda para llegar a 2023. ¿No os dije que poco después de convertirme en padre encadené tres de los rodajes más felices de mi vida? Pues quedan dos. Atentos.

8

EL HOMBRE NATURAL

Sierra Morena, noviembre de 2009. El especialista acaba de llegar en tren al rodaje de *Entrelobos*. Viene a grabar la secuencia más importante de toda la película. Mi personaje, Marcos Rodríguez Pantoja, el niño salvaje de la posguerra que se ha criado con los lobos, tiene que saltar, abrazado a una cierva, desde un acantilado para caer en un río. La altura impresiona. Puede que sean unos diez metros. Yo tengo vértigo, y el ayudante de dirección y la aseguradora se niegan a que lo haga. En un rodaje es el ayudante de dirección quien se asegura de que todo está controlado en el set y de que no hay ningún peligro. Y yo sé que tienen razón. Si me lesiono o algo sale mal, yo me juego la vida, y ellos muchísimo dinero. La cosa es compleja: primero hay que conseguir que salte una cierva, ver dónde cae y aterrizar justo al lado, porque si el animal y el especialista chocan, él se parte las piernas. Y luego hay que tener cuidado porque la cierva va a tener el instinto de nadar para salir del agua, y si ella te da con la pezuña, se te van a salir las tripas. Así que la cosa exigía precisión y agilidad, y lo mejor es que lo haga un especialista.

Cuando veo que el especialista ha llegado y que está charlando con el director, Gerardo Olivares, me acerco y pido acompañarlos al lugar donde se va a rodar el salto. Subimos los tres solos, sin cámaras, solo para mirar y ver cómo lo vamos a hacer. Es un paraje remoto, precioso. Todo el campo es muy bonito ahí, estoy disfrutando como loco del rodaje. Hay muy buen ambiente, vivimos en un pueblecito en el que no hay hoteles. La Vero, Juanjito y yo tenemos una casa rural, el resto del equipo también se aloja allí y es como vivir en otra realidad: en el campo, en plena naturaleza y en familia. Para mí, esto es el paraíso.

Además, interpreto a un personaje que Gerardo Olivares ha escrito pensando en mí, y encima el Marcos Rodríguez Pantoja real, el niño salvaje de Sierra Morena, que ahora es un adulto más o menos funcional que acude todos los días al rodaje, se ha echado a llorar cuando me ha visto caracterizado. «¡Ese soy yo!», ha dicho, porque físicamente me parezco mucho a él cuando era joven. Un chaval salvaje, que casi no habla, sucio y maloliente, vestido con pieles de lobo. Marcos se ha emocionado y casi me hace llorar también a mí.

Para visitar la escena del salto con la cierva, subimos a buen paso, los árboles casi no nos dejan ver el cielo. A nuestro alrededor, silencio de humanos, pero todo tipo de ruidos de animales: pájaros, reptiles que se deslizan entre las rocas, ciervos que brincan en silencio, pero hacen que susurren las hojas. Se oye el crepitar de los insectos, el croar de las ranas. Lobos que aúllan y gruñen a lo lejos. Y los pasos de nosotros tres en el boque. Vamos charlando sobre el paisaje y el rodaje, hasta que llegamos a lo alto de un promontorio. Nos asomamos y abajo, bastante abajo, hay una poza no muy grande, de agua negra y verdosa. Y entonces le digo a Gerardo:

—Yo creo, Gerardo, que cuando rodemos el salto, el especialista debería saltar así.

Y echo a correr y me lanzo al agua. Muevo los brazos en el aire. Puede que grite. Son diez metros, pero no me da tiempo a pensar en nada en los pocos segundos que tardo en caer.

Esa misma tarde, el especialista se volvió a Madrid. Ahí no tenía nada que hacer. Que era exactamente lo que yo quería desde el principio.

Fue muy intenso y casi me da una hipotermia del frío que pasé en esa agua, pero jamás me he arrepentido. Lo único que me da rabia es que no me dejaron llevarme una cierva a mi casa. Era el 12 de noviembre, yo cumplía veintidós años. Hubiera sido un regalo perfecto. Gerardo me llevó una caja de botellines, que tampoco estuvo mal.

Gerardo todavía se parte de risa cuando cuenta esta historia. ¡Pero cómo iba a dejar yo que un especialista rodase la escena más espectacular de toda la peli! ¡La que iba en el tráiler seguro! Tenía que ser yo. Ese era mi personaje, y lo quería interpretar de cabo a rabo. Sigue siendo hoy día el personaje que más quiero de todos los que he hecho.

Todo había empezado meses atrás con una llamada de Gerardo Olivares. Es un tío grande, con los ojos azules, que venía de hacer documentales en Mongolia. Alguien especial. Para un actor es un sueño que un director te llame y te diga: «He escrito este papel pensando en ti, no tengo un plan B». Era un guion diferente a todos, en el que mi personaje tenía un protagonismo absoluto, que contaba una impresionante historia real sobre una persona que, además, había salido viva de una peripecia inverosímil: criarse con lobos en mitad de Sierra Morena en los años de la posguerra. No dudé ni una milésima de segundo en decir que sí, y me comprometí, como habéis podido ver, hasta lo más hondo con esa película y ese papel.

Había que devolverle la dignidad a Marcos Rodríguez Pantoja, un niño al que vendieron por cabras, al que maltrataron y violaron, le llamaron Brutamontes, le llevaron por los pueblos como a un mono de feria y le tuvieron alcoholizado. Él ya consiguió salir de ahí, ahora da charlas en los colegios y les pone unos sellos en la mano a los niños. ¡El niño salvaje de Sierra Morena! ¡El hombre lobo! Es como un niño salvaje en la piel de un anciano, y sigue subiéndose a los árboles y trepando por las piedras. Pero ahora es dueño de su propia historia, y ojalá la película haya contribuido a eso.

Gerardo siempre escribe sus propias películas, siempre las basa en hechos reales en las que la naturaleza sea la protagonista. En esta historia había dos protagonistas: el niño salvaje y los lobos que le crían. Para interpretarlo, yo tenía que aprender a moverme con los lobos, a ser uno más de la manada como había sido de niño Marcos. A él le había criado un cabrero que, al desaparecer, le dejó solo en el bosque. Alguna vez bajó al pueblo, pero no le

trataron bien, corrió mucho peligro, porque eran los años cincuenta y no había la sensibilidad de ahora con los niños. Así que la civilización le asustó más de lo que le atemorizaba la naturaleza, que conocía bien. De modo que se crio entre lobos. Y apenas hablaba. Yo creo que en toda la peli no digo más que dos o tres palabras. Todo lo tenía que interpretar con los ojos y con el cuerpo.

Y para interpretar a alguien criado entre lobos es muy importante aprender a moverte como un lobo.

Nosotros trabajábamos con lobos ibéricos criados en cautividad, pero que no estaban preparados para un rodaje, ni mucho menos, no estaban domesticados en absoluto. Porque existen camadas de lobos europeos que están adiestrados como perros, que se usan mucho en otros rodajes, pero en España el lobo europeo no existe. El lobo ibérico es una subespecie que solo se da aquí y tiene muchas diferencias con el europeo. El ibérico es más pequeño y se distingue porque tiene dos manchas en las patas delanteras, dos líneas negras que los lobos europeos no tienen. Por eso su nombre científico es *Canis lupus signatus*. En España hay pocas camadas de lobo ibérico en cautividad y ninguna está adiestrada. Ese aspecto para Gerardo era fundamental: necesitaba a un actor que no tuviera miedo y que pudiera establecer una conexión con los animales. Yo la tenía, y la trabajé aún más.

Claro que había trucos. Todas las mañanas, por ejemplo, yo llegaba al rodaje sin ducharme. Estuve veintitantos días sin ducharme. Sin lavarme la cabeza. Me traían unos pigmentos de Canadá para ensuciarme, pero, claro, llega un momento que si no te duchas... ¿sabéis cómo se le pone la piel a algunas personas que viven en la calle? ¿Con ronchas y manchas? Pues eso me pasó a mí, de la mierda que llevaba encima me salió sarpullido. No sabéis qué picores... Así estuve veintitantos días, sin ducharme.

Pero es que tenía que mantener un olor que a los lobos le resultara familiar. Y además tenía que resultarles atractivo. Así que no solo iba sucio, con el pelo asqueroso, manchas por todas partes y sudor sobre sudor, lo más maloliente posible, sino que al llegar me tenían preparado un cubo con patas y cuerpos y cuellos de pollo, metidos en agua y puestos al sol durante una semana. Ahí tenía que meter los brazos hasta el hombro y restregármelo por toda la cara. Y así venían todos corriendo a chuparme, a olerme, a aullarme al lado. Si no hacía eso, no se acercaban.

Atractivo para los lobos, sí. ¡Para la Vero no tanto! ¡Creo que no dormimos juntos en todo el rodaje! Cuando me levantaba, veía que las sábanas y la almohada estaban negras... Yo tampoco hubiera querido dormir conmigo.

El especialista en lobo ibérico, el etólogo que me enseñó a comportarme con ellos de forma que se relacionasen conmigo más o menos como un igual, se llama Pepe España y es el mayor experto que tenemos en estos animales. Trabajaba con los lobos hambreándolos, era la única manera de que hicieran ciertas acciones. Porque si les das de comer se tumban a dormir. Por mucho que les des órdenes, si no hay recompensa, no hay acción.

Por ejemplo, para una de las secuencias más importantes, en la que Marcos, de mayor, se abrazaba al lobo que más le había cuidado, tenía que ser el lobo el que se acercara a mí. Así que lo que hicieron fue esconderme trozos de pollo entre las pieles, y cuando tenía un kilo me tumbé en una piedra y el lobo salió disparado a por mí. Pero luego había que transmitir que el lobo estaba contento de encontrarse conmigo, y no buscando la merienda. Emocionarte por tu entrañable relación con este animal, con un lobo salvaje encima y sin saber cuántas veces podrás repetir la secuencia, ya os digo que no es fácil.

Me dio mucha pena cuando se acabó ese rodaje. A pesar de que deseaba con todas mis fuerzas poderme duchar. Porque aquella relación que establecí con los lobos fue más allá de las palabras. Pepe España me explicó que no podía ponerme de pie bruscamente, que tenía que moverme entre ellos agachado, para no dar sensación de que yo podía ser una amenaza para ellos. A pesar de eso creo que terminé convirtiéndome en el macho alfa de esa manada. Por ejemplo, cuando un lobo se me subía al pecho, de manos, significaba que me estaba retando. Pues yo lo agarraba, lo abrazaba y lo levantaba. Ahí le estaba demostrando que el macho alfa era yo. Y ellos lo aceptaban. En la vida he sido jefe de pocas cosas, pero de esa manada sí que lo fui.

La relación que establecí con ellos no es fácil de explicar con palabras. Porque uno puede estudiar mucho, pero hay cosas que solo aprendes viviéndolas, y repitiéndolas, haciéndolas una y otra vez. Así empiezas a entender cosas que nadie te ha dicho, que no se estudian. Aprendes a hablar lobo.

Otra vez, es un aprendizaje del cuerpo.

Yo solo, en el cercado de los lobos, rodeado de ellos, vestido con pieles, apestando a pollo, a sangre y a carroña... Solamente con miradas y gestos sé cómo hacer que los lobos vengan a ver qué me pasa, a olerme, a protegerme.

Hay que ver qué momento tan raro para escoger como uno de los más felices de mi vida.

Y no es el único momento de felicidad que asocio con *Entrelobos*. En otro momento voy caminando por el bosque y tengo que llamar a un búho real. Este sí está adiestrado, es de cetrería. El ave tiene más de un metro de envergadura con las alas abiertas, enormes ojos amarillos, un plumaje moteado con los colores de un bosque en otoño. Surca el cielo con toda su elegancia. Entonces yo lo llamo desde el suelo. Debe de ver una pequeña cabeza negra, un ser a dos patas, más pequeño que un oso, más grande que un gato montés, menos suculento que una rata. Ahora mismo, mientras él vuela y domina el aire y el suelo, yo soy infinitamente menos interesante que él y, posiblemente, lo menos interesante de todo el paisaje que tiene a muchos metros por debajo de sus patas. Pero lo llamo, y me viene a la mano y se me posa. Me concede eso, me permite fingir que me obedece.

La secuencia salió bien porque mi cara de felicidad es real.

Gracias por ese rodaje, Gerardo, fue un sueño para mí.

Y encima la película fue un exitazo. Fueron 600.000 personas a verla al cine, se vendió en Europa y en Estados Unidos. Y cada vez que la ponen por la tele consigue todavía buenas audiencias.

En mi vida personal no soy tan salvaje como Marcos, evidentemente, pero sí es verdad que prefiero mil veces el campo a la ciudad. En mi casa del campo he llegado a tener perros, gatos, peces, un gallo y hasta una oveja. A la oveja la vi de lejos, una mañana, cuando salía a comprar churros. No sabía lo que era, un montoncito de lana banco en mitad de la hierba. Era una corderita y estaba sola. Así que me la llevé a casa. Siete años vivió Copo con nosotros, hasta que comió veneno y se nos murió. La criamos con biberón y todos los años la esquilaba con una maquinilla de las que se usan para cortar pelo normal, pelo de humano. Y todos los años había que comprar una máquina nueva, porque se quemaba con la grasa de la lana de mi oveja.

La vida del campo, amigos, es la vida feliz.

9

EL HÉROE

A primera hora de la mañana despega un helicóptero de la zona del Hotel Bruc, en las faldas de Montserrat. Asciende en vertical y se queda a media altura. En la ventana de una habitación del hotel, un niño en brazos de su madre saluda con la manita. Es Juanjito, saludando a papá, al que le están subiendo a la montaña en helicóptero porque hoy es un día especial: hoy se va a morir.

Estamos rodando *Bruc. El desafío*, la peli de Daniel Benmayor. Es una película histórica sobre la guerra de la Independencia contra los franceses y sobre la hazaña del personaje legendario del tamborilero. Según se ha contado, gracias al ruido de su tambor, se desprendieron las rocas de Montserrat y le cayeron encima a las tropas francesas. Mi personaje, demasiado joven para combatir, era el que iba guiando a las tropas. Seguro que ser soldado en aquella guerra fue muy duro. Pero hacer de soldado que combate en aquella guerra también tuvo lo suyo.

Había que subir a la montaña de Montserrat todos los días. Un palizón. Subíamos andando, no hay otra. Solo el día que rodamos la última escena, en la que salgo medio muerto y la chica me abraza y me da un beso y me dice que soy un héroe y tal, solo ese día me subieron en helicóptero. Claro que lo pasé aún peor que subiendo a pie. Y encima disimulando delante de la gente.

Iba en la cabina con Jérôme Le Banner, que era uno de los que hacían de malo y que había sido campeón del mundo de UFC, unas artes marciales combinadas. Es un actor que sale también en las películas de Astérix y Obélix. Normalmente él y yo recorríamos el camino andando. De hecho, nos subíamos la montaña corriendo y nos la bajábamos corriendo, por hacer ejercicio. ¿Nos picábamos? Pues a lo mejor un poco sí.

La producción hubiera querido que nos instaláramos en la cima de Montserrat una semana, en tiendas de campaña y demás, porque el material de rodaje se quedaba todo arriba. Pero yo dije que no, que yo quería bajar a ver a mi hijo y a mi mujer todos los días.

Fue, junto con *Entrelobos*, uno de los rodajes más físicos de mi vida. Y se nota en las imágenes. Salgo desnudo de cintura para arriba, con toda la piel pintada de negro, del color de las rocas de Montserrat... Dices «tamborilero» y parece que estás hablando de un niño, pero pocas veces me he visto tan imponente. Cuando lo cuento me dicen: «Eso debe de ser agotador». Y sí, lo es, pero es que yo soy hiperactivo, cuanto más me das, más me motivo, más quiero y más quiero. Sí que es verdad que cuando acaba la peli y paras y tienes dos o tres días de descanso, haces bum y te viene todo el cansancio encima, y dices: «Me ha matado esta peli». Pero durante el rodaje estás motivado, tirando del carro, ayudando al equipo para que todo salga bien y para hacer una obra maestra. Pocas cosas se parecen al subidón de un rodaje de acción.

El de Bruc molaba también porque era un proyecto que estaba muy bien escrito. Y a veces te llegan algunos que no lo están, que no tienen ni pies ni cabeza. Yo esto no lo he estudiado, pero creo que en una película tiene que haber una buena presentación del personaje. Si es una peli de acción en la que al final el héroe tendrá un destino difícil, de muerte o de fracaso, tiene que haber una presentación del personaje donde se le vea haciendo distintas cosas en su vida que sean cordiales, simpáticas, amables, para que le cojas cariño. Luego habrá un desarrollo del personaje y por último ya un desenlace. Para que ese final funcione, tú tienes que haber desarrollado un aprecio por ese ser humano casi como si fuera una persona de verdad.

En el caso de Bruc, él se va peleando con las tropas de Napoleón, le pegan un tiro, lo medio matan, y la gente va sufriendo con él. Por eso cuando acaba la peli, todo el mundo se hincha de llorar porque a ese personaje le quieren y es como si su destino fuera el de un amigo o un hijo. Por eso salen diciendo: «¡Qué peliculón, qué peliculón!». Y es porque le han cogido cariño a Bruc...

Tengo que reconocer que yo esto no lo he estudiado. Como tantas cosas, lo he aprendido en los rodajes. El instinto también te dice cuándo algo está bien o mal contado.

En el caso de este libro, de mi historia, hemos presentado a un personaje, que soy yo. Os he hablado de mi familia, de mi infancia, de mis amigos, de mi mujer y de mi hijo. De mis películas. De mi vocación. De mi primer parón. De cómo estuve a punto de renunciar a mi vocación por no perder mi esencia, mi modo de vida, el apego tan fuerte que tengo a mi gente y a la vida humilde de un chaval normal. Ese trabajo de intentar compaginar las dos cosas, la fama y la profesión de actor, por un lado, con la vida de barrio y el vínculo con mi gente, por otro, no fue fácil. El parón que hice creo que tuvo que ver con eso, con que ser actor y salir en las revistas parecía incompatible con seguir yendo con mis colegas a hacer botellón en el parque. Y en toda mi vida en realidad se ha mantenido un poco esa tensión entre ser famoso y ser normal. Una tensión que no debería existir, porque toda persona famosa también es alguien normal. Eso a veces se nos olvida, tanto a los famosos que se creen que mean colonia como a los no famosos que te montan un pitote cuando no te apetece que te echen una foto. Pero volviendo a lo de las historias bien contadas: espero haber hecho una presentación de personaje que os haya ganado, porque en un rato vienen curvas. En este helicóptero uno se marea un poquillo, y no quiero ni que os bajéis ni que me dejéis de querer.

10

ENTRE LOS TEMERARIOS

Voy con Juanjo el Gitano, mi tocayo, mi colega desde la infancia, en la moto, a toda pastilla por la calle Pinto. Vamos mucho más rápido de lo que permite la normativa. Puede que vayamos a 100 kilómetros por hora. Zumbando. Hasta arriba de endorfinas. Felices. Eso sí: le acabo de decir a mi colega que se ponga el casco, que se lo tengo dicho, que sin casco no le llevo, y le he bajado la visera de un manotazo. Además, me acabo de gastar 580 euros del ala en el casco que llevo yo, un APS chulísimo recién salido al mercado. Y justo en ese momento veo un camión que sale de culo de una calle, justo enfrente de nosotros.

Hago lo que puedo por esquivarlo, giro, giro, giro..., pero doy con la cabeza en la caja del camión. Doy una voltereta y, ¡pum!, caigo al suelo. El Gitano, que iba de paquete detrás de mí, sale volando y se desliza muchos metros por el suelo hasta acabar debajo de un coche que viene de frente y frena en seco. El Gitano se encaja debajo, como un mecánico en un taller, solo que sin plataforma de ruedines. Se ha desollado las manos, pero del resto está intacto.

Yo estoy vivo porque me gasté una pasta en un buen casco. Él sigue vivo porque me empeñé en bajárselo.

A todas estas, en el filo entre la vida y la muerte, me ha dado la risa. Estoy en el suelo, revolcándome, partiéndome la caja. Nadie me quiere tocar hasta que no llegue el Samur, por si me he roto alguna vértebra. A mi madre enseguida le llega el rumor: «¡El Bola se ha matado, el Bola se ha matado!». Pero no estoy muerto, es solo otro martes para Juanjo, con dieciocho años, haciendo el cafre en Parla.

He sido travieso toda mi vida. Siempre me ha gustado el riesgo y la velocidad, la adrenalina y el peligro. Y lo peor no es solo eso, sino que además le he inculcado a mi hijo el gusto por tirarnos al río desde lo alto de un árbol, o desde una piedra. O del puente en la presa de Picadas, cuando vamos a pescar con mi padre y le dejamos preparando la barbacoa. Se ha tomado un par de cervezas y anda piripi, yo me escapo con Juanjito a tirarnos al agua desde un alto y mi pobre padre se pone malo. «¡Se te va a matar el niño!», me grita, y me insulta y maldice, amenaza con pegarme. Y yo me río y le digo: «Deja que el niño sienta ese subidón de adrenalina, que no son ni diez metros. Yo me tiro primero, le espero abajo y si se da un planchazo, le recojo». Puede que se dé una buena hostia, sí. Pero la vida a veces duele un poco, solo hay que saber calibrar dónde está el límite.

Ahora yo apenas lo rozo, las cosas más peligrosas hace mucho tiempo que las dejé atrás. Ahora tengo a Juanjito, no puedo andar jugándome la vida. Conozco a quien también pone a sus hijos de excusa para no tirarse al río, pero muchas veces son gente que no lo haría incluso no siendo padres. Creo que la definición técnica de esas personas es «cagados».

Fuera de bromas, lo cierto es que algunas de las cosas más arriesgadas, o por lo menos las que a mí más miedo me han dado, las he hecho con cámaras delante y muchas medidas de seguridad.

Lo primero de todo fue un programa que se llamaba «80 cm», para La 2 de RTVE. Se trataba de recorrer España haciendo senderismo, conociendo los pueblos y la gastronomía. Yo era como José Antonio Labordeta, pero en chaval de barrio, y el punto diferenciador del formato es que yo le metía un toque de riesgo haciendo un deporte extremo en cada capítulo. De algunas de las cosas que más miedo me daban me libró la climatología: un viaje en globo, por ejemplo, del que escapé gracias al viento. Pero sí hice parapente en la isla de El Hierro y me escalé las vías ferratas de Huesca. Pero fue haciendo espeleología, metido en lo más profundo de cuevas estrechísimas, cuando deseé no haberme apuntado nunca a aquella aventura. Qué claustrofobia tan horrible. Menos mal que había cámaras grabando: tener que fingir que estaba bien delante de ese ojo era lo único que impedía que me desmayara.

Pero no adivinaríais el mayor de todos los riesgos que corrí en aquel programa. Las catas. En las bodegas de Rueda lo pasé fatal. Estábamos allí por el vino, había que probarlo para hablar de él. Pero yo al tercer vino ya no sabía ni lo que estaba diciendo. Y menos mal que eran rosados y espumosos, porque si no, a la segunda cata, tendría que haberme echado a dormir. Lo resolvía a lo bruto: comiendo pan y queso sin parar. Pero iba sintiendo cómo se me ponían las orejas más y más rojas y perdía el control sobre lo que decía, sin idea de por dónde tirar. Aprendí a mojarme los labios y sonreír.

Mi consejo es: nunca rodéis con vino.

Cuando Juanjito tenía seis o siete años, ya iba al colegio y no podía andar llevándomelo a rodajes, así que hice varios *talent shows*. Me permitían trabajar cerca de casa, volver a dormir con Vero y con Juanjito por las noches y tener un horario más normal que el de las grabaciones de ficción. Elegí programas blancos, sin malicia, de entretenimiento, en los que había que esforzarse por aprender a hacer algo fuera de lo común o demostrar habilidades.

El primero de ellos, en 2013, fue «Splash: famosos al agua». Uno de esos famosos era yo. El *casting* era de lo más variopinto. Estaba el gimnasta Gervasio Defer (que ganó, evidentemente, era el que mejores condiciones tenía), pero también participaban Carmen Lomana, la *socialité*; Serafín Zubiri, el cantante ciego; Julio Iglesias Junior; el presentador Miki Nadal; Jesulín de Ubrique, o la actriz Miriam Díaz-Aroca (que lo hizo superbién). De todas las personas con las que coincidí en ese programa, con la que más me identifico es con Gervasio Defer, por su humildad, lo bien que trata a la gente. Que él hiciera el programa de Évole (y se quedara a gusto) me animó a mí a hacerlo también, pero esa historia os la contaré más adelante, no toca todavía.

De quienes os quería hablar aquí es de mis amigos los temerarios. En «Splash: famosos al agua» también participaron el cocinero Darío Barrio, conocido sobre todo por haber realizado la primera etapa del programa de televisión «Todos contra el chef», de Cuatro, y el aventurero Álvaro Bultó, presentador de televisión y paracaidista, que eran aún más aficionados al riesgo que yo y con los que trabé mucha amistad.

Tanto Darío Barrio como Álvaro Bultó eran muy guapos, atléticos, personas llenas de energía y con pasión por los deportes de riesgo. Era como si tuvieran dentro una dinamo, no paraban de moverse, de hacer, de imaginar y de arriesgarse. Yo me sentía muy identificado con los dos, y los admiraba. Darío tenía unos quince años más que yo, y Álvaro era unos diez años mayor que Darío. Entre los tres se estableció una corriente de simpatía, como en los hermanos Dalton: Álvaro era el mayor, y Darío le admiraba. Y yo, el pequeño, los idolatraba a los dos por lo que habían conseguido en la vida.

Álvaro venía de una familia de mucha tradición motera, su padre había sido Paco Bultó, el creador de las motocicletas Montesa y Bultaco. Y su entorno familiar, muy acomodado, le había permitido dedicarse a su pasión, que eran los deportes de riesgo. Pero era tan buen tipo, tan alegre y generoso, que un pijo catalán como era él y un chaval de barrio madrileño como yo nos tratábamos como si hubiéramos sido amigos de siempre.

Con Darío la relación fue aún más cercana. Era de Madrid, igual que yo, y lo definiría, sobre todo, como un ganador. Era una de las personas más competitivas que haya conocido nunca. Triunfó en la gastronomía, triunfó en televisión, triunfó como empresario... Y encima qué guapo era, el jodido.

Os cuento cómo era la dinámica del programa en el que coincidí con ellos. En «Splash» había que tirarse de trampolines: podías elegir el de tres metros, el de cinco, el de siete y medio y el de diez. Diez metros, para que os hagáis una idea, es un cuarto piso. Tirarse desde un cuarto impresiona. Pero en mi caso me podía más el pundonor que el miedo a las alturas.

Claro que el pundonor no te cura un hombro dislocado.

Con cada salto que hacía, se me salía el hombro y me lo tenían que volver a colocar. El fisioterapeuta del programa, Ricardo González, estaba preparado con una camilla al lado de la piscina para arreglarme el manguito rotador cada vez que saltaba. Una C de cabeza (te tocas la cabeza con los pies y luego caes en picado), un ángel..., en todos los saltos me tenían que colocar el brazo al salir del agua. Tuve el hombro morado durante meses.

Pero yo me dejaba cuidar. Permitía que me sacaran del agua si no podía nadar, a mí no se me ocurre arriesgarme a ahogarme si del talegazo que me he metido no puedo mover los brazos. Darío Barrio no era así. Tenía el cuerpo morado, se daba unos planchazos espectaculares en los que temblaba toda la piscina y se hacía un silencio lleno de

ecos, ya sabéis cómo es la sonoridad de las piscinas cubiertas donde cualquier sonido rebota y crece... pero Darío se arrastraba fuera de la piscina y aguantaba el veredicto del jurado recto como un palo, sin hacer ningún gesto de dolor.

Intentábamos ayudarle a salir del agua cuando podíamos ver que estaba casi inconsciente, pero él decía: «Puedo solo, puedo solo»... Era así de competitivo. Darío era el que más arriesgaba, el que más deseaba ganar. Álvaro Bultó, él y yo estábamos siempre los primeros en la piscina, entrenando, atreviéndonos cada vez a más. Pero yo, que puedo ser muy cafre y me gusta el peligro lo bastante como para haberle dado más de uno y más de dos disgustos a mi familia, no terminaba de ser como ellos, y me sigue costando entender por qué eran así. Creo que nacieron con ello, con esa necesidad de ser los mejores en todo, de jugársela. No creo que detrás haya un deseo de muerte, porque eran dos personas muy vitalistas, pero es como una fuerza que te arrastra a tocar el borde del abismo. Vete tú a saber si pretendían dominarlo, quién sabe.

El caso es que llegó un momento en que eliminaron a Darío y se mosqueó muchísimo. Se subió a la cúpula y se hubiera querido tirar de allí, que son veinte metros. Tuve que subir detrás de él y solo le convencí para que no lo hiciera cuando le dije que si se tiraba él, me tiraba yo. Me dijo: «Si te tiras tú, te matas, y no quiero que te mates».

Poco a poco bajamos por las escaleras hasta la piscina. Él cabreado como un mono, y yo superaliviado. Nunca he olvidado esa bajada, yo intentando tranquilizar a Darío y él enfurruñado, herido en su amor propio, repitiendo su mantra: «La vida sin riesgo no tiene sentido». Pero los dos vivos, intactos.

Desgraciadamente, pocos años después Álvaro falleció en un accidente de *wingfly* en los Alpes Suizos. Falló el paracaídas y se estrelló contra una roca. Álvaro había saltado más de tres mil veces, sabía lo que hacía. Pero los llaman deportes de riesgo por algo. Su entorno decía que había muerto haciendo lo que más le gustaba, y es verdad. Pero solo tenía cincuenta y un años.

La tragedia iba a ser doble. Porque justo un año después de la muerte de nuestro amigo, Darío volvió a decirme algo parecido a lo que me había dicho aquella vez en la cúpula de la piscina de «Splash»: «Si te tiras tú, te matas, y no quiero que te mates». Pero esta vez nadie le convenció para no tirarse desde una gran altura. Cómo iban a convencerle, si quería hacerlo en homenaje a su querido Álvaro.

Darío me llamó a principios de junio de 2014 y me dijo:

—Hermanito, es el Festival del Aire de Jaén, voy a hacer un salto base desde un globo en *wingfly*. Vente conmigo y te subes al globo.

Por un lado, me apetecía. Por estar con Darío y porque me hizo ilusión que se acordara de un detalle personal mío: fue en el castillo de Jaén donde arrojamos las cenizas de mi abuelo. Por eso le parecía bonito invitarme. Así que en principio le dije que sí.

—¡Y salto contigo! —añadí.

Pero no podía ser:

—No puedes saltar. Esto es concertado. Hay que tener un título y apuntarse con tiempo. Es un festival que se celebra todos los años, pero no puede apuntarse cualquiera a última hora sin más.

—Pues entonces no salto —dije yo.

Y la verdad es que no quise hacerlo porque a mí el globo me da miedo. Yo hubiera subido sin mirar, con los ojos cerrados, y una vez arriba, cuando me dijeran: «¡Salta!», me hubiera tirado. La adrenalina de caer dámela, ¿pero el vértigo de recorrer el aire despacito en una máquina que no depende de ti? Con eso no puedo. Así que no fui. Y eso que era en honor de Álvaro Bultó, a quien yo también tenía mucho cariño.

Y el día 6 de junio me llama mi madre: «¿Has visto las noticias? No sé si contártelo... ¿Quién te llamó antes de ayer?».

Y lo supe enseguida. Darío se había matado.

Unos años después, un cámara que trabajaba conmigo en el programa «80 cm» me enseñó las imágenes del accidente.

Ojalá no las hubiera visto.

¿La vida sin riesgo no tiene sentido? Para Darío, no. Él era un temerario. Pero los que le echamos de menos no podemos estar de acuerdo con él.

11

MÁS TELERREALIDAD

Nunca he hecho un programa de telerrealidad en el que se juegue con mi intimidad, y eso que me han ofrecido cantidades de dinero que me hubieran resuelto años muy malos. 50.000 euros por irme a sobrevivir a una isla tropical, por ejemplo. Eso me lo han planteado más de una y más de dos veces. Siempre he dicho que no.

Afortunadamente, no se me caen los anillos con ningún trabajo: ni montar hornos, ni pintar casas, ni descargar camiones, ni montar pantallas ledes. ¿Pero salir por la tele hablando de mi familia, ligando con chicas que se te ponen a tiro, entrando a provocaciones malintencionadas, buscándote líos? No, muchas gracias.

La isla en sí no me da miedo. Dame tarántulas, dame hambre, dame sobre todo pescar con un palo y una liana. Eso, todo lo físico, creo que se me daría muy bien. Pienso que tampoco tendría problemas de compañerismo. Yo soy cariñoso y generoso y me doy a los demás. A mí lo que me da miedo es la vuelta a la realidad y sentarme en el plató. Que se te plante gente al lado que te busca las cosquillas, que te provoca para que saltes. Si saltas y te defiendes, en ese instante, has perdido tu reputación para siempre, hayas hecho lo que hayas hecho en la isla. Mi carrera profesional es en el cine y en la televisión como actor. No como «famoso».

Hay riesgos y riesgos en la vida. Yo me tiro de un cuarto piso, pero no me juego el honor.

Dame una herramienta y un problema de albañilería y déjame en paz.

O dame programas en los que haya que aprender algo. Magia, por ejemplo. Dejadme que os ponga en situación.

Londres, 1873. John Alfred Cooke y John Nevil Maskelyne son los ilusionistas más famosos de Inglaterra. Son escapistas: se encierran en cajas, maniatados, dentro de una malla, y, en un abrir y cerrar de ojos, consiguen desatarse y salir. El cine aún no existe, y el público vibra con espectáculos como estos, en los que parece que te enfrentas a un peligro mortal, a una situación imposible para la que no hay escapatoria.

Más de un siglo después, en 2013, yo estoy en un plató de televisión emulando a Maskelyne y Cooke a las órdenes de Jorge Blas, mago y estudioso de los trucos antiguos. La gente ha vibrado con la magia, con el cine y ahora se entusiasma con la magia en la tele. Tengo los ojos vendados y estoy metido en una malla de red, con las manos atadas, dentro de un baúl al que le han puesto un candado.

La cuenta es corta: uno, dos y tres. ¡Zas! Estoy fuera.

Yo tampoco sé cómo se hace el truco, pero sí sé

que solo se puede hacer una vez. Yo, desde luego, nunca sería capaz de reproducirlo. Pero es que encima no me lo explican, porque es un secreto de magos y yo no soy mago. Lo que sí soy es habilidoso.

Desafortunadamente, también soy claustrofóbico, y en los tres segundos que dura el truco lo paso mal: la oscuridad, el ruido de la gente..., me pongo a sudar y creo que me voy a desmayar. Pero son pocos segundos y en general disfruto del espectáculo que hacemos. ¡Y encima quedé el primero! Me emparejaban con Yunque, que era el más cañero de todos los magos que participaban, un crac que ha ganado varias veces el título de mejor mago del mundo. Se llama así por su abuelo, que era herrero, y sus espectáculos tienen siempre una estética industrial, dura, chulísima. También participaban María Esteve, la actriz hija de Marisol, y el cantante Pitingo, que se hizo famoso con el disco *Soulería* en 2008. Yo lo conocí en el programa de magia, y desde entonces es muy amigo mío.

«Por arte de magia» fue uno de los programas de talento que hice en los años en los que Juanjito era pequeño. También me apunté a «¡A Bailar!», pero ese lo hice por Vero.

Mi mujer no pertenece al mundo del espectáculo y a veces lo veía desde fuera con desconfianza, como un universo en el que ella no pintaba nada. Pero este programa, que se hacía en parejas, nos permitía hacer algo juntos y que ella formara parte de ese entorno y de mi trabajo por una vez. Fue muy especial, y nos gustó mucho que nos lo ofrecieran. También estaba el humorista que se hace llamar el

Monaguillo y su mujer, Lola Plaza, o el torero Manuel Díaz el Cordobés y Virginia Troconis. Además, Vero veía «Fama: a bailar» y estaba loca por Poti y por Lola. Todo el proyecto le hacía mucha ilusión.

Todavía, si buscas en YouTube, nos puedes ver a la Vero y a mí, dos yogurines, yo siempre tan preocupado por aprenderme los pasos como por cuidar de ella y que no la criticaran. La coreografía que mejor nos salió fue la de *Can't touch this*, de MC Hammer, un rollo *funky* en el que yo llevaba unos bombachos dorados que más que un rapero del Bronx parezco Aladino en Disneylandia.

En este programa ganaron la cantante Soraya y su marido: unos máquinas. Desde el primer día vimos que lo tenían hecho, como Gervasio en «Splash».

¿El problema de este programa para mí? Que yo soy arrítmico. Yo no sé bailar. Me aprendía bien las coreografías y tengo que decir que no metí la pata ni una vez. Pero si me sueltas en una pista y me dices: «Hala, a bailar», yo no sé qué hacer con mi cuerpo. Ya he dicho muchas veces que el ejercicio físico se me da bien, que soy habilidoso y fuerte, que me gusta entrenar y esforzarme y que practico casi cualquier deporte. Pero bailar... Eso es otro tipo de arte que no tiene nada que ver con las cosas para las que yo he entrenado.

Tengo pruebas de lo que digo, y salen en la Wikipedia. En 2004, con dieciséis años, en la época de *7 vírgenes* me apunté a clases de *full contact*. Es como el boxeo, pero con patadas. Mucha patada voladora, mucha patada en la cabeza, mucho tibiazo. El ambiente es muy competitivo, un poco más duro que el boxeo en el sentido de que es más sangriento. Hay rodillazos. Te parten la barbilla, te revientan una ceja con la tibia. La sangre salpica el *ring*. A mí esa dureza, ese riesgo y esa fortaleza, con esa edad, me llenaban de adrenalina.

¿Cómo aguantas el dolor? Pues los dos primeros golpes los sientes, pero luego ya no. Luego aguantas. Sales de pelear y notas la cara hinchada, pero no te duele nada. Lo peor llega al día siguiente, cualquiera que haya peleado lo sabe. El día después no te puedes levantar de la cama y te dices: «Madre mía, anoche tendría que haber ido al hospital». Y entonces sientes todas las hostias de golpe.

Yo me enganché a esto con dieciséis años. Siempre he sido muy intenso y me dediqué a entrenar noche y día, un día detrás de otro.

Y con dieciocho años quedé primero campeón de Madrid y luego campeón de España.

En cuanto conseguí el título me retiré. No puedes dedicarte al cine si practicas *full contact*. ¿Dónde vas con la nariz rota y un pómulo rajado? ¿A hacer del Potro de Vallecas? ¿Vas a estar cambiando las fotos de tu *book* y tu perfil como actor después de cada combate? Y eso que yo me untaba toda la cara con vaselina para que me resbalaran los puñetazos. Pero tuve que dejarlo para que no me la estropearan. O cine, o tibiazo.

Me dediqué a ello con todas las ganas, con toda la intensidad que le pongo a las cosas, solo durante dos años. Fue lo último que hice, yo creo, antes de hacerme mayor. Ahora, de adulto, no se me ocurriría volver a apuntarme a algo así. Todos crecemos.

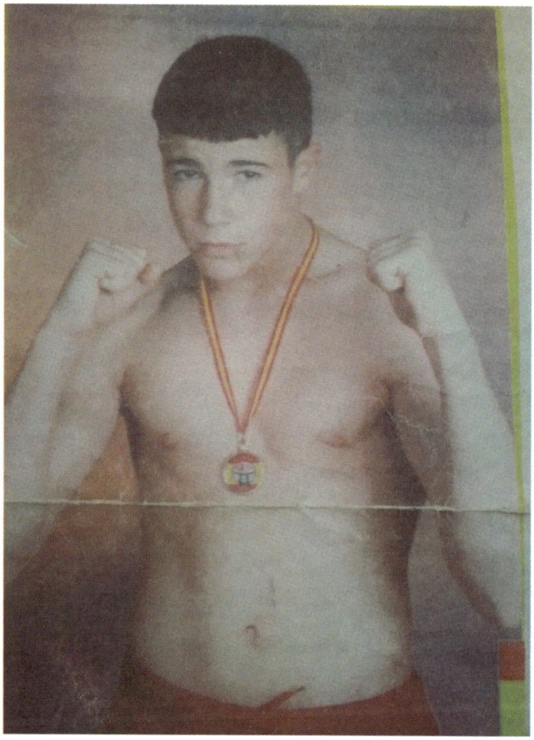

12

HISPANIA

«No sabemos cómo saludaban, qué lenguas hablaban, en qué dioses creían. No sabemos cómo eran sus costumbres, sus diversiones, sus tradiciones, sus formas de amar, sus gestos. Tenéis que comportaros de una manera diferente a la cotidianeidad, generar extrañeza, ser salvajes y primitivos, pero a la vez empáticos y cercanos...»

Carlos Sedes, el director, habla y habla intentando explicarse, va cogiendo a todos de uno en uno y les habla de lo cotidiano y de lo extemporáneo, con su acento gallego suavecito. A mi alrededor todo el elenco, y somos un montón, pone la misma cara, esa que Roberto Enríquez llama «cara de paisaje» y yo llamo «estar cogiendo grillos».

Nadie tiene ni repajolera idea de lo que está queriendo decir. Pero nadie lo confiesa.

Hasta que me toca a mí.

«Mira, Carlos, ¡no te entiendo! ¡A mí me dices ven, y yo voy! ¿Dónde quieres que vaya? ¿Allí? ¿Ahora me quieres aquí? ¡Pues yo me vengo aquí! Tú dime las cosas claritas y yo las hago. Pero no me andes con rollos.»

Carcajada general. Alivio y buen rollo.

Podría haberme salido mal, no digo que no, pero me salió bien. Y una risa colectiva es buen abono para la tierra donde quieres que crezca algo.

Hispania era una serie muy ambiciosa de Bambú Producciones para Antena 3 que imaginó Ramón Campos, que es uno de los grandes creadores de series que hay en España. Estuvo detrás de exitazos como *Gran Hotel*, *Gran Reserva*, *Velvet*, *Las chicas del cable*, *Fariña* o, más recientemente, *El caso Asunta*. *Hispania* tenía mucha envergadura, hubo meses de ensayos pagados, buenos hoteles y buena comida. Creo que ha sido el trabajo que más he disfrutado, porque no solo estaba en mi medio, sino que conocí a los mejores compañeros.

Estamos en 2010, Juanjito tiene tres años, y la Vero y él se han venido al rodaje conmigo. Al niño mi familia le ha cosido un traje de hispano y es uno más. El 70 por ciento de la producción se hace en exteriores, en La Vera, en Cáceres, en mitad del campo. A poco que te estés quieto te aparecen conejos o aves rapaces. Fuera de cámara me dedico a cazar alacranes y culebras. Dentro de plano hay peleas a espada, persecuciones a caballo, muchísima acción. Yo estoy tocando el cielo, delante de la cámara o fuera de plano.

Me asignan un caballo de tiro enorme, un frisón holandés precioso, muy vistoso pero también muy pesado, con mucha musculatura. Le puedes poner una tonelada atrás que te va a tirar de ella, pero a la hora de correr, la velocidad le cuesta. Así que yo le doy zapatilla. Él y yo, a todo galope por el

HISPANIA
LA LEYENDA
TEMPORADA I
UN PUEBLO CONTRA EL PODER DE UN IMPERIO
ANA DE ARMAS
LLUÍS HOMAR
ROBERTO ENRÍQUEZ
JUAN JOSÉ BALLESTA
NATHALIE POZA

campo, podíamos ser perfectamente dos seres de la época de la conquista romana de Hispania. El aire fresco, el verdor de la hierba, los resoplidos y mi sudor mezclado con el del caballo. Os podéis imaginar mi felicidad. Ya os lo he dicho: la vida en el campo es la vida mejor, y, sobre todo, es la vida a la que yo pertenezco.

Y eso todo el mundo lo veía.

De hecho, más de una vez Roberto Enríquez me ha confesado que a mi lado a él le daba la impresión de que todos los demás eran un pijos de ciudad, por aguerridos que se sintieran. Es muy generoso que diga eso, porque él sabe que yo lo admiro más que a ningún otro actor o compañero. Cuánto aprendí a su lado y cómo me miro en él.

Pero volviendo a ser de campo...

En un rodaje como ese, ser de campo es un punto a favor. Pero a veces reconozco que puedo llegar a ser de campo para mal. Un lunes llego al hotel y me echan la gran bronca. Me había dejado cuatro bichos en un cajón. ¿Por qué hice eso? Pues no me acuerdo. Pero sí me acuerdo de que me dijeron, muy alarmados: «¡Hay escorpiones en tu mesilla de noche! ¡No hemos podido alquilar la habitación este fin de semana porque no se han atrevido a sacarlos ni las señoras de la limpieza, ni el de mantenimiento... ni el director! ¡Ven y llévate a los malditos escorpiones!».

Y yo, muy didáctico: «No son escorpiones, son alacranes».

Como si esa distinción de zoólogo aficionado fuera a tranquilizarlos.

«Eres un salvaje, Juanjo —me decía Roberto—. En el mejor de los sentidos, pero también en alguno peor.»

Mientras grabábamos esta serie, Juanjito se partió un brazo, y un día que yo llegaba de rodar me lo encontré con toda la escayola mojada porque se había tirado a la piscina (sí: tiene a quien salir). Así que hubo que llevarle al hospital a que lo enyesaran de nuevo. El niño, que no sabe nada, estaba completamente enamorado de Ana de Armas, que era mi novia en la serie, y sin ella no quería ir a ninguna parte. Así que ese día nos tuvimos que ir, después de doce horas de rodaje, Juanjito, Ana de Armas y yo al hospital a por una escayola nueva.

Pero es que había tal buen rollo que, después de jornadas de doce horas, llegábamos al hotel y nos poníamos a ensayar las peleas a espada del día siguiente. Tengo que decir que los especialistas me tenían un poco de miedo, porque cuando luchas con armas en el cine, ya sabéis, el golpe en realidad no lo das, solamente lo marcas, no descargas toda la fuerza sobre tu contrincante. Pero yo, que soy muy de verdad y que si tengo talento como actor, es porque en el momento en el que estoy metido me lo creo todo, no siempre me acordaba de no echar el resto en cada golpe.

Afortunadamente, nunca pasó nada grave. Bueno, estuvo a punto, pero fue fuera de cámara: un día estaba en un salto de agua, jugando con la perra de Alfonso Bassave, el actor que se hizo muy conocido años después por interpretar a Diego Tudela en más de doscientos cincuenta episodios de *Amar es para siempre*, y el animal se me cayó catarata abajo. Casi se ahoga la pobre perra. Y menudo mosqueo se cogió conmigo Alfonso. Menos mal que no le pasó nada, porque eso yo creo que no me lo hubiera perdonado, a pesar del buen rollo que teníamos y de la sinergia tan positiva que se había generado entre quienes hacíamos de Viriato, Paulo, Sandro y Darío.

Roberto Enríquez era Viriato, el número uno en todas las citaciones, el protagonista. Yo era Paulo, un joven de la aldea a quien le secuestran a su novia. Mi personaje es el acicate para que Viriato, que es un cabrero que va a su rollo y no quiere saber nada de los romanos, decida pasar a la acción. Yo hacía de impulsivo, de rabo de lagartija, en un papel que la verdad es que me venía como anillo al dedo, porque había muchísimo de mí en Paulo. Hovik Keuchkerian era Sandro, el herrero, su cuñado, el más fiel de sus amigos, y Alfonso Bassave era Darío, otro de los líderes de los hispanos. Y los cuatro formábamos una piña.

Nos metíamos en la furgoneta con nuestros trajes de hispanos, porque los procesos de maquillaje y peluquería se hacían en el hotel, y cuando llegábamos a la plaza del pueblo, le decíamos al de la furgo: «¡Iván, para!», y salíamos por una puerta, en fila, ceñudos, espadas en ristre, que parecía que nos íbamos a liar a espadazos con los paisanos que estaban ahí echándose el café y la partida. Y con la misma dábamos la vuelta a la furgoneta y volvíamos a subir por la otra puerta. Con esa chorrada la gente flipaba y nosotros nos partíamos de la risa.

Fue la época más bonita de curro, en la que mejor me pagaron, la que más me entretenía, la que más juego daba. Una historia de las que ya no se hacían. En cada episodio había una emboscada que había que coreografiar, y a mí todo eso me encantaba.

Pero lo mejor que me pasó en *Hispania* fue conocer a Roberto Enríquez. Me hizo madurar muchísimo como actor y como persona, y siempre que me piden que nombre al actor que más admiro, lo menciono a él. Y eso que somos totalmente distintos. Él es un actor de estudio, de escuela de arte dramático, no sé cuántos años en William Layton, muchísimos cursos de formación... Y yo, en cambio, soy un diamante en bruto. Él me lo ha dicho muchas veces: «Pule el talento que tienes, si estudiaras le sacarías más partido, tienes esa capacidad, no seas vago. Lo imprescindible, la verdad, ya la tienes. Tienes la técnica, tienes un control del cuerpo de la hostia, te dan una guitarra y te sale *Entre dos aguas* a poco que te esfuerces. Tu plano es tan bueno como tu contraplano, eres buen compañero, lo das todo y a todo dices que sí porque eres un loco. Pero el talento y la capacidad no están reñidos con estudiar. Todo se puede mejorar: no solo estudiar al personaje, sino analizar el papel que tú juegas dentro de esa historia, de la partitura general, y pensar y alimentar y apuntalar el talento. Podrías llegar mucho más lejos. Trabaja, Juanjo, trabájate a tu actor».

Menudas chapas, Roberto Enríquez.

Seguro que tiene razón, pero cada uno es como es. Yo aprendo haciendo y mirando. Sobre todo mirando a gente como él. Pero no os digo que algún día no le termine haciendo caso.

En un rodaje siempre terminas haciendo amigos, confraternizando, porque es intenso y se pasan muchas horas juntos. Pero en aquel de verdad que surgió el amor, y pasó una cosa muy especial.

Ya os he contado que Juanjito, mi hijo, estaba ahí, en medio de todo, con tres años, haciendo monerías vestido de hispano. Y poco después de terminar el rodaje me cuenta Roberto que va a tener un hijo. Me confesó que aquellos ratos en los que me observaba con el niño, jugando, compartiendo con él la vida, despertaron en él el instinto paternal. «Yo te veía y pensaba: "No quiero perderme eso por nada del mundo".»

Todavía se me saltan las lágrimas cuando me acuerdo, hermano. Haberte podido enseñar yo a ti algo, cuando tú a mí me pareces el mejor, es muy emocionante.

Te prometo que si el curso lo das tú, me apunto.

Bueno, a lo mejor.

13

LA POLICÍA DE LA TELE

Tengo las amígdalas como dos pelotas de golf, pero con pinchos. Y hoy tengo cuatro secuencias difíciles, como con mucha jerga legal. Y encima ha fallado otro actor y me han dado sus frases. Casi no me sé las mías, como para aprenderme las suyas.

Pero tengo recursos.

Primero, picar en la puerta de mamá Luisa. Es la número 1, la jefa de todo, la primera que llega y la última que se va, la actriz Luisa Martín. Todo el mundo la conoció como la Juani de *Médico de familia*, pero ella es mucho, muchísimo más. Una de las personas más respetadas y queridas de la profesión. Aunque ella de sí misma dice que es Mari Remedios. Me prepara una infusión, me da pastillas para la garganta y un abrazo. Sin ella, este barco no zarpa.

Estamos en el plató de *Servir y proteger*, una serie sobre la vida de los policías que entra tanto en sus heroicidades como en sus miserias, contada desde el punto de vista de quienes curran en el cuerpo. Es la única de emisión diaria que he hecho y una de las experiencias más intensas de mi vida.

En una serie diaria vas muy apretado. Te pasas el

día muerto de miedo. En el transcurso de los meses y de los episodios fui cogiendo experiencia y era más yo mismo, iba de secuencia en secuencia con ritmo: ¡pam, pam, pam, venga, chavales, la siguiente, me cambio de ropa y dale motor, que en esta tengo que estar muy nervioso!

Había días que me cambiaban fragmentos enteros, páginas de diálogo que había que aprenderse sobre la marcha. Yo me quejaba a producción: «Pero ¡¿cómo me metéis en este marrón?!». Y me decían: «Porque eres el único que puede solucionarlo». ¿Cómo?

Con el recurso número dos.

¡Los pósits!

Yo cogía un taco de pósits y preguntaba: «A ver, ¿dónde tienes el tiro de cámara? ¿Para allá? ¿Hasta dónde ves? Dime el límite». Y donde ya la cámara no alcanzaba: ¡plas! Un pósit con tres frases.

«¿Estás en corto con el acusado? Vale. ¿Me puedo pegar un pósit aquí?» Y otra frase, ¡plas! Llegaba al interrogatorio: «Usted, ¿no es cierto que en la mañana del dos de febrero, estando la víctima...?». Raca-raca-raca. Me solucionaba las secuencias a base de pósits porque era imposible aprenderte veinte folios de un tirón cuando otro actor fallaba al rodaje.

Y era muy difícil no faltar en una serie diaria. Es muy intenso. Te recogen a las seis de la mañana y terminas a las siete de la tarde. Yo a veces llegaba a casa y le decía a Vero: «Coge al niño, que nos vamos de pesca». Y era Vero la que me devolvía a la tierra: «Pero, Juanjo, ¿cuánto texto tienes para mañana? No te lo vas a saber y te van a echar de la serie». Yo le hacía caso.

Bueno, le hacía caso casi siempre. A veces me iba a pescar igual, con la caña en una mano y el texto en la otra. O nos íbamos a cenar por ahí y yo me llevaba mi separata.

Era una vida loca y estresante. Había que estar muy centrado. Algunos actores no lo conseguían, y los guionistas los mataban, o los cambiaban de destino, o los metían en la cárcel.

Yo me los llevaba aparte e intentaba hacerles un poco de *coaching*. Sé lo que es descentrarte, perder el foco, creerte que lo sabes todo y que te van a llamar por tu cara bonita, por tu fama, por tu pasado, por tus seguidores en Instagram.

Yo tengo todo eso, y os juro que sin trabajo y sin esfuerzo eso no es más que humo, no sirve para nada.

Bueno, sí: sirve para que, cuando fallas, lo vea todo el mundo, y quede registrado que la has cagado. Creedme, eso también me ha pasado. Afortunadamente, no han sido nunca cagadas definitivas, y los directores y los compañeros, tanto en televisión como en cine, siguen teniendo buen recuerdo de mí. Por eso me siguen llamando.

La única que estuvo los siete años que duró la serie fue Luisa Martín, mamá Luisa. Tenía una constancia y un nivel de compromiso que no es normal. Y ahora ha desarrollado con la policía una empatía que hace que ella misma parezca parte de las fuerzas y cuerpos de seguridad del Estado. De hecho, la han condecorado, casi como si fuera una más, por haber contado con tanta empatía los problemas a los que se enfrentan los polis en su día a día. Sin meterse en política, sin dar grandes discursos, solo mostrando cómo viven quienes están encargados de mantener la seguridad y orden. Tratándolos como personas, no como representantes de una institución. Siempre que la invitan a un acto la tratan como a una más, porque creen que pocas personas han hecho más que ella por hacer que la vida de los policías sea comprendida por la población

Ella te lo explica muy bien. Dice que todos los oficios son dignos, independientemente de lo estéticos que sean o de lo que te paguen por ellos. Dice, por ejemplo, de su personaje de la Juani en la serie *Médico de familia*, por el que todo el mundo la conoce, que ella no puede cambiar el sueldo de las Juanis, pero que sí puede retratarlas con dignidad, y que cuando la Juani se sacó el graduado escolar en la serie, era muy importante que aprobara y que sacara nota. Ella se empeña en ese tipo de cosas, que resuenan en mí, como chico de barrio humilde.

Llena los camerinos de carteles de ONG, se implica con todo el mundo. Hace años que terminó la serie y ella sigue relacionándose con la policía, pero no como nosotros, que muchas veces los vemos con distancia y como parte del aparato opresor. Ella los ve de uno en uno, como personas. Quedas con ella y te cuenta las penalidades que pasan: que si los coches se les paran cuando persiguen a los delincuentes, quienes tienen una flota mucho mejor que ellos. O que se les rompen las fundas de las pistolas y cuando están corriendo detrás de los malos se les cae el arma de la cartuchera. O que solo hay chalecos antibalas para hombres y las mujeres policías tienen que reclamar que encarguen chalecos para ellas.

Todas esas penas que pasan los policías, el impacto que tienen en ellos los dramas que ven, los muertos, las situaciones de maltrato y abuso...; todo eso estaba en *Servir y proteger*, y por eso la policía considera a Luisa una más, por contar sus historias con honestidad durante siete años de su vida.

Yo la admiro no solo por eso, sino porque hacer una serie diaria es lo más difícil que he hecho en toda mi vida. Más difícil incluso que el teatro. Porque encima del escenario te quedas en blanco y el público no sabe lo que se supone que le tienes que contar. Sabes de qué va la historia y puedes improvisar un poco hasta que te venga el texto a la cabeza. Puedes hacerlo a tu manera, tienes un comodín. Pero en una serie, no. Y encima haciendo de policía, que no puedes cambiar nada. Porque un interrogatorio o unas diligencias se hacen de determinada manera, no te las puedes inventar, no puedes cambiar las líneas.

Mi experiencia en teatro, por cierto, no es muy extensa. Hice un monólogo dirigido por mi amigo Dani Guzmán, en el que nos lo pasamos genial. Era un proyecto patrocinado por una marca de licor en el que yo hacía de barista. Cuando estaba haciendo el monólogo, se me fueron las líneas, me quedé en blanco y tiré por donde me pareció. A todo el mundo le encantó y se morían de risa —menos el patrocinador, al que casi le da un infarto cuando vio que me lo estaba inventando todo.

En la otra función que hice, ese truco no servía, porque había más actores. Interpreté a Adso de Melk frente al Guillermo de Baskerville de Karra Elejalde, en la primera adaptación que se hizo para teatro en todo el mundo de *El nombre de la rosa*, de Umberto Eco. O, como se lo suelo explicar yo a la gente: Karra hacía de Sean Connery y yo hacía de Christian Slater.

Recuerdo que fue una experiencia que me hizo madurar mucho no solo como actor, sino también como persona. Es un entorno tan diverso, con gente de edades diferentes, en el que hay que ser tan disciplinado, que no te queda otra que crecer. Aunque evolucionar al lado de un tipo como Karra Elejalde nunca es aburrido. Un día, en un ensayo, de un ataque de tos que le dio se le rompieron dos costillas. Yo me acercaba a ver qué le pasaba y él, dando alaridos, chillaba: «¡No me toques! ¡Puto babas de Parla, quítate de encima!».

Todo lo que tiene de bruto lo tiene de adorable. Lo que nos pudimos reír en el hospital, aunque se muriera de dolor. Giramos por toda España y una vez que superé las primeras funciones, en las que confieso que tuve algún blanco que resolví con la suficiente gracia como para que no me lo tuvieran en cuenta, lo disfruté muchísimo. Aunque hasta el final me siguieran diciendo casi todos los días: «¡Estate quieto en cajas, Ballesta!». Porque ya sabéis: si no es pescando, no me estoy quieto ni atado.

Perdonad este inciso sobre el teatro... ¡Hablábamos de la tele! De *Servir y proteger*.

En *Servir y proteger* mi personaje se llamaba Roberto Batista y estaba escrito para mí. Era un poli de barrio que había sido delincuente, había cometido un atraco. Pero tenía un hermano que le había cubierto las espaldas y se había comido años de cárcel para que él pudiera ser policía. El hermano era un pobre drogadicto que encima traficaba. Pero Roberto era el policía más querido del barrio, el que entendía a la gente. Todo el mundo se encariñaba conmigo, y encima vivía una historia de amor con Andrea del Río, una de las actrices que más tiempo estuvo en la serie.

Pero yo había firmado doscientos episodios, una sola temporada. Estaba preparado para morir.

Y lo hice a lo grande, asesinado por un traficante colombiano en mi propia boda, cuando me estaba agachando a coger un ramo de flores que me ofrecía un niño.

¡Ni un ojo seco en ninguna casa de España ese día a la hora de comer!

O eso me dice mi abuela.

Mi yaya es superfán de las series policiacas. Creo que todos los episodios de *CSI* que he visto, los he seguido a su lado. Ella estaba encantada de que hiciera *Servir y proteger*.

Pero a mí lo que realmente me gustaría es hacer terror o ciencia ficción. Antes de que acabe el libro lo digo otra vez, por si lo estuviera leyendo algún productor. Puedo añadir, además, a beneficio de ese productor imaginario, que en aquel rodaje tan duro de doscientos capítulos, no fallé, apoyé a mis compañeros, y todo lo que dije sonó a verdad.

Y si no me creéis, podéis preguntarle a mamá Luisa.

14

ORO

Llego al rodaje de una película muy grande en la que yo tengo una sola escena. Mi papel es el de Iturbe, maestro armero, un navarro, miembro de la expedición de don Gonzalo de Baztán, navarro también y soldado viejo. «Aquejado de melancolía, es tornadizo de carácter, indeciso en el mando y autoritario en demasía.» Un desastre de jefe, vaya.

El director de esta película, tan ambiciosa como la propia expedición de aquellos conquistadores que iban por la selva matando y matándose entre ellos, buscando una ciudad de oro que no existía, es Agustín Días Yanes, Tano. Y me ha llamado para hacer una sola escena.

Pero cuando llego al rodaje para mi escena, en el parque de Anaga en la isla de Tenerife, y Tano me ve, con ese casco de hierro que parece un cuenco que me han enroscado en la cabeza, con protectores pesadísimos de metal por todas partes, ensuciado de barro y vestido de soldado..., cuando se da cuenta de que yo soy un campero, que no me importa estar todo el día mojado, que tiro con carros y carretas y que me da igual cielo, tierra y aire, me dice: «Mira, he llegado a la conclusión de que quiero que te quedes toda la peli».

Es verdad que no pudieron pagarme mucho más de lo que habíamos acordado para una sola escena, pero fueron reescribiendo la peli a medida que avanzaba para darme más frases y más tiempo de pantalla. «Se me va la mirada hacia ti, Bola —me decía Tano—, te puedo pedir lo que quiera físicamente, y me ayudas a sacar las escenas adelante.»

Yo, en justa correspondencia, les llevaba todas las mañanas a su mujer y a él un pepito de chocolate y otro de crema. Quiero y admiro mucho a Agustín Díaz Yanes. Es un tío con mucha calle, con muchas vivencias, y se aprende de él con solo escucharle.

Que me elogiara, además, me hacía sentirme muy orgulloso, porque el *casting* de esa película era espectacular. Estaban casi todos los mejores actores de cine de España en el momento: Óscar Jaenada, que es una bestia a quien quiero especialmente, pero también Raúl Arévalo, José Coronado, Antonio Dechent y dos leyendas de siempre, el inmenso Juan Diego, en un papel pequeñito y precioso de español que se queda a vivir en una aldea india, y José Manuel Cervino, que encima es canario y rodaba en casa. Y, de remate, dos de las actrices más potentes de esos años, Bárbara Lennie, que interpretaba a la mujer del capitán, y su doncella, Anna Castillo, la Parda, que era con la que me liaba yo hasta que le pica una serpiente y se muere en cuestión de segundos.

En eso *Oro* tenía algo de *Juego de tronos*, porque todos los personajes iban cayendo a espada, a serpiente, a vómito negro, por acción de indios hostiles... Era una historia de penalidades, traiciones y supervivencia. Eso dentro de cámara. Fuera de cámara era una historia de compañerismo, cachondeo..., pero también calamidades.

Nos bajaban a esas hondonadas profundas que hay en el parque de Anaga, en el norte de Tenerife, por detrás de Santa Cruz. Por allí no hay carreteras ni prácticamente senderos, solo valles hondísimos por los que parece que nunca ha pasado el hombre. Lo más parecido a una selva inexplorada que hay en España. El rodaje consistía en ir avanzando por allí, un lugar tan cubierto de helechos y de ramas que casi ni se veía la luz del sol. Y vestidos con hierros, que pesaban lo suyo. Y para añadir realismo y sensación de sufrimiento, nos regaban todo el tiempo, para que estuviéramos húmedos y sucios. Empezábamos y terminábamos todas las jornadas empapados. Y, como de perdidos al río, nos empujábamos a los charcos de barro, nos manchábamos aún más adrede y nos pasábamos todo el día marchando por la jungla como exploradores de verdad.

Llegábamos a casa con ampollas en los pies, rozaduras en las ingles, el culo escocido de estar todo el día con eso mojado, como un bebé si no lo cambias. Andaba todo el día echándome talco por todas partes.

Y, seguramente también como los exploradores de verdad, a veces, para darnos fuerza, echábamos mano de otro artilugio de metal de los muchos que llevábamos encima: la petaca de Dechent. ¡Un traguito y vamos, chavales, que ya estamos calientes!

¿Que eso no lo hicieron los exploradores españoles en las Indias en el siglo XVI? Igual el licor no era whisky Jameson, pero ya os digo yo que a cuerpo no se conquistó América. Claro que a nosotros solo nos valía un traguito, que te templas y se te ponen las orejas rojas. Dos traguitos y ya no ruedas.

Y menos con la cantidad de cosas físicas que había que hacer. En una escena recuerdo que me vi en una tesitura que ya había vivido en *Entrelobos*, la película de Gerardo Olivares. Pero esta vez la jugada no me salió. Tanto Díaz Yanes como Reyes Abades, el mítico especialista en efectos especiales del cine español, se negaron a que me tirara por una cascada sin arnés. Lo intenté, pero Tano fue muy claro: «Conmigo, no».

Las cosas cambian, y yo estoy dejando de ser tan chaval y tan loco.

Pero es verdad que sigo dándolo todo. Tano me dijo: «Has nacido para hacer protagonistas. La cámara te quiere, eres un actor natural y estás envejeciendo muy bien. Te queda mucho cine dentro. No desaparezcas. Tómate tu carrera en serio».

Ese todavía fue uno de esos rodajes a los que llevé a la familia. Los fines de semana alquilábamos un coche y recorríamos la isla. Íbamos al Loro Parque en el Puerto de la Cruz, a tirarnos por los toboganes del Siam Park en el sur, pescábamos en las calas... Acabé conociendo Tenerife como la palma de mi mano.

Pero pronto eso se iba a acabar. Verónica, mi mujer, la mujer de todas mis vidas, se iba a cansar de mí. Este fue el último rodaje al que fuimos los tres juntos como una familia.

Llevábamos juntos desde que éramos unos críos, y estábamos dejando de serlo.

3

MI PRESENTE

15

«MASTERCHEF»

Me citan en unas cocinas y me piden que prepare lo que me apetezca, pero que vaya charlando mientras cocino. Yo me pongo a hacer unas carrilleras, y les explico que son receta de mi abuela. También pongo en marcha unas berenjenas rellenas y voy explicando lo que hago. No callo. Y encima me quedan riquísimas. No sé qué les importa más, si el sabor o el rollo que les he metido, pero el caso es que estoy dentro.

Se han acordado de mí porque el mismo equipo que está detrás de esta bestia de la televisión en la que se ha convertido «MasterChef» hizo hace años «Por arte de magia». Aquel programa no fue tan bien, pero lo hice con el mismo entusiasmo que si hubiera sido un gran éxito, así que dejé una semilla que floreció en el momento justo.

«MasterChef Celebrity», quinta temporada, se rueda justo cuando estamos saliendo de la pandemia. Participar me permite salir de casa, con el certificado ese que nos pedían a todos, y pensar en otra cosa, porque las cosas en casa, con Vero, están empezando a ir regular.

En el programa encuentro a un viejo conocido entre los concursantes, Nicolás Coronado, al que conozco de *Servir y proteger*. Nico se ocupa de mí, es la persona que me calma cuando me pongo nervioso. Pero yo hago lo mismo con otro concursante, Jesús Castro. Su perfil y el mío, actores de la misma edad y de barrio, son parecidos. Un director de *casting* nos podría tener en cuenta para los mismos papeles. Pero en el set nuestras formas de ser y nuestra energía se ven muy diferentes. Además, yo tengo más experiencia, tanto en rodajes como en este tipo de programas, y eso también cuenta. Tengo más claro lo que se espera de mí y me entrego a tope. Intento darlo todo, currar a muerte, y todos me lo reconocen.

Él se cabrea con los jueces, se ofende y se molesta, y se le nota. Yo me lo llevo aparte y le tranquilizo, le explico la dinámica de un concurso, le hago ver que nos ponen nerviosos a posta, para dar juego. El programa entero pivota sobre el estrés. Si puedes hacer una paella en diez minutos, te obligan a hacer dos paellas. Y cuando pierdes los nervios y saltas, eso da minutos de oro de televisión. Yo le intento explicar esto, le hago un poco de *coaching*, como el que me hace Nico a mí.

Es un programa un poco duro, pero ahí está la gracia.

Jesús no lo entiende del todo, y lo echan enseguida y lo pasa mal.

Yo aguanto un poco más. Mi mejor momento, otra vez, es gracias a ser de campo. Hay una prueba en la que hay que despellejar conejos y yo esto lo he hecho, por gusto, millones de veces. Así que me pongo a despellejar como si no hubiera un mañana, a toda pastilla. El resto flipa, y a alguno se le escapa algún chillido. En comparación con Josie, que parecía un biólogo del cuidado que tenía en la disección, yo era como un hombre de las cavernas. ¡Y a mucha honra!

El equipo técnico y los jueces están contentos conmigo, pero me reconocen que no se me puede controlar, que soy hiperactivo. Pero lo que más les cabrea es que le doy de probar de todo a todos. Hay que hacer como que los cámaras no existen, ¿no? Pues yo me paso el día dándoles de probar a los cámaras, y el plano no vale.

Mi juez preferido es Pepe, claro, porque los dos tenemos la misma socarronería manchega. Él me regaña porque yo vivo al lado de Illescas y jamás había ido a su restaurante. Claro, Pepe, ¡para eso hace falta guita, hermano! A lo mejor tendría que haber ido la semana que terminó el programa, que todavía me duraba el sueldo.

Pero por lo que más se rieron de mí es porque un día los nervios me fueron al estómago. La situación se puso muy estresante, y me tuve que ir corriendo al baño. Pues a ese momento se agarraron y lo falsearon un montón de veces, haciendo ver que tenían que esperarme mientras el menda estaba encerrado en el váter, descompuesto.

Te llaman para un programa, te dicen que vas de favorito, y luego te expulsan y encima te dejan de cagón delante de toda España. ¡Así es la tele! Yo me río, porque entiendo el juego perfectamente. Pero a mi madre no le sentó nada bien, porque digamos que, en esas cosas, el orgullo me lo lleva ella. Total: que toda España viendo «Masterchef» menos mi madre, que no quiso saber nada.

Otra cosa que yo llevaba fatal era, cuando había que quedarse a dormir fuera de casa para las pruebas de exteriores, que me despertaran. Yo no me voy a retrasar, llegaré a la hora, pero déjame que me levante solo, no me despiertes, que me chafas el día.

Yo les agüé la fiesta a ellos también hace poco, cuando me invitaron a una edición de anónimos de «MasterChef», como *celebrity*. Cuando va «el famoso» a uno de esos programas, entra por la puerta de atrás, para que los aspirantes no le vean. Pero yo me despisté y entré por la puerta de siempre, directo a camerinos, y todos los concursantes no solo me vieron, sino que me pidieron autógrafos y se hicieron fotos conmigo. Para cuando entré al plató todos eran mis hermanos, y al equipo de producción les había chafado la sorpresa.

¡Eso por todas las veces que me despertasteis!

Tampoco me gustan las pruebas en las que tengo que cargarme a algún compañero. No va conmigo. A Gonzalo Miró le molesta, porque es competitivo y ve que soy un rival fuerte. La prensa especula con que nos llevamos mal, pero no es verdad. De hecho, recientemente, cuando se ha hablado mal de mí en televisión, él, que es tertuliano en varios programas, siempre me ha defendido.

Gracias por todo, Gonzalo.

Y gracias, «MasterChef», gracias, Macarena Rey,

gracias, Tina Baldeón por la oportunidad y por sacarme de casa en plena pandemia. Que te inviten a participar en «MasterChef» es una oportunidad única, por la audiencia que tiene, por el prestigio que te da, porque te mete en la casa de millones de personas y te ofrece la oportunidad de despertar una corriente de simpatía —siempre que lo hagas bien—. Más de una y más de dos personas en las que todo el mundo puede estar pensando han cimentado una carrera o girado una trayectoria gracias al programa.

Pero el caso es que cuando me echaron y me puse a llorar no era solo por las cosas que estaban pasando en plató. También me hacía llorar lo que estaba pasando en casa.

Después de la grabación de «MasterChef» llegó el verano. Y después del verano, cuando yo sabía que hacía meses que las cosas no iban bien, Vero me dijo que estaba agobiada, que necesitaba un tiempo, que se iba a vivir al piso de unas amigas. Ella nunca había compartido piso. Había salido de casa de sus padres para irse a vivir conmigo. Prácticamente no había tenido juventud, y yo creo que eso le pesaba.

Al fin y al cabo, yo era famoso desde los once años, había dejado el cole, había viajado, había ligado, había conocido a un montón de gente antes que a ella, incluso aunque hubiéramos empezado a salir tan jóvenes.

Además, a mí me encantaba la vida familiar en la casa que tenemos en el campo, mis rutinas de pesca, mis animales. Cocinar para mi mujer y mi hijo, hacerlo todo en manada. Así que en cuanto se fue Vero, aprendí una cosa muy importante de mí que yo en el fondo sabía pero que nunca había experimentado de verdad.

No soporto vivir solo.

La soledad me aplasta como si se me cayera el cielo encima. Sin Vero, solo en aquella casa como una bola de *pinball*, de cuarto en cuarto, me volvía loco. Me echaba a llorar todo el rato, llamaba a mi madre, o me derrumbaba delante de la cámara del teléfono como un niño, delante de España entera. Y cuando digo España entera me refiero no solo a mis seguidores en redes sociales, sino a la prensa y las televisiones, que vieron un filón en lo que me estaba pasando.

En pocas palabras: toqué fondo.

Mi madre y Mabel, mi representante, estuvieron a punto de quitarme el teléfono: «¡No subas más *stories* llorando, Juanjo, por favor!».

Menos mal que ya estaba con Mabel. El cambio de representante tuvo algo de traumático, porque yo llevaba mucho tiempo con mi repre anterior. Me cuidaba mucho, pero le dejé porque no me sacaba mucho trabajo, y el que me conseguía era poca cosa. Cositas de televisión, programillas, a lo mejor un «Pasapalabra»... Que ir a «Pasapalabra» está fenomenal, todo el mundo es encantador y es contenido blanco y superfamiliar. Pero está muy bien cuando vas a promocionar algo. Ir de vacío, a decir generalidades o mentir («Tengo un proyecto, pero no puedo hablar de él, es secreto..., pero va a ser un pelotazo»), no mola. Y yo empecé a sentir desasosiego, le di tres meses y me fui. Se lo tomó mal. Todavía le llamo de vez en cuando, pregunto por él, le digo que cuándo nos vemos. Pero creo que no me ha perdonado, porque no me ha devuelto las llamadas todavía.

El caso es que tuvo algo de salto al vacío lo de cambiar de repre, porque no encontré uno inmediatamente. Me decían que ya tenían gente de mi perfil, que si me cogían a mí estarían descuidando a otro actor de su agencia... Así que me puse a arreglar jardines, esperando que me saliera algo. Vino a rescatarme mi querido Gorka Merchán, que le habló de mí a Mabel.

Y menos mal, porque tener a Mabel es como tener una segunda madre. No solo me consigue trabajo, sino que me aconseja bien. Me pide que sea más prudente, más estratégico, contenido, frío... Pero eso yo no lo aprendo. No está en mi naturaleza.

Que la gente me quiera, que me siga, que me paren por la calle y que me demuestren su cariño a mí me gusta, me da una alegría especial a la que tengo que reconocer que me he acostumbrado, porque me lleva pasando desde que tengo uso de razón. Mi madre y Mabel me explican que hay una línea entre lo que es privado y lo que es público, pero yo creo que no la defino del todo bien y muchas veces se me emborrona. Desde que existen las redes sociales, me parece que esto le pasa cada vez a más gente. Mal de muchos, consuelo de tontos, es verdad, pero sé que no estoy solo en esto. Habrá gente que piense que es exhibicionismo, pero yo lo veo como necesidad de cariño.

Para consolarme cuando estaba peor, mi madre y mi repre me recordaban todas las cosas que no hice porque Vero no quiso: rodajes importantes, internacionales, a los que renuncié por estar con la familia. Me decían que ahora era libre para viajar, para volar lejos, para aprender inglés y hacer cine fuera, para embarcarme en proyectos ambiciosos. Pero al principio, en plena ruptura, toda esta libertad, esta ambición..., todo esto me sobra. Quiero a la Vero, quiero mi vida de antes y no tengo consuelo.

Los actores tendemos a vivir el momento con mucha intensidad. Por eso cuando nos dicen: «Acción», sabemos responder. No fingimos, lo que pasa en el rodaje *nos está pasando en ese momento*. Por eso nos llaman peliculeros, dramáticos, por eso somos llorones y nos emocionamos. Por eso somos también disfrutones y entregados. Porque vivimos el momento y tenemos las emociones a flor de piel. Nuestro don también es nuestra condena, porque nos falta frialdad, capacidad de salir de nosotros mismos, vernos desde fuera, poner un parapeto entre la conciencia y las emociones.

De modo que mientras ese presente duraba, yo no veía horizonte. Comprendí lo que significa estar desesperado. Estar en un agujero negro, sin salida, en un pozo de soledad.

Vero, en cambio, mientras yo ando llorando por las esquinas, sí se siente libre y fuerte, y va perdiendo cada vez más las ganas de volver conmigo, hasta que yo mismo veo que es imposible. Que pasa de mí.

Es durísimo esto, yo sé que lo sabéis. Yo la sigo queriendo, pero ella pasa de mí. ¿Cómo no voy a llorar?

Me iba a tocar reconstruirme, y no ha sido fácil. Para empezar, cerré la casa en el campo y me fui a vivir con mi madre. Juanjito y yo, metidos en el piso de mi madre en Parla, «como piojos en costura», como dice mi abuela, o como en una comuna hippie, como dice mi madre. En el fondo yo sé que le encanta que estemos ahí las tres generaciones de la familia, viendo la tele juntos, gastándonos bromas, haciéndonos cosquillas en el pelo mientras vemos una peli, cuidando los unos de los otros. Nos hace falta. O por lo menos a mí me hace falta y ellos me siguen el rollo.

Mi hermana, que es la más lista de todos nosotros, ahora vive en mi casa del campo con su novio. Y yo encantado, ojo, porque no me gusta que la casa esté vacía.

Lo peor de todo, como os decía, es que esta crisis personal coincide con un pico de fama. Yo lo estoy dejando con Vero, y «MasterChef Celebrity», el *talent* con más audiencia de la televisión en España, está en emisión.

Yo soy un «famoso Guadiana», a veces salgo y todo el mundo quiere saber de mí y otras estoy bajo tierra, desaparezco, pillo un curro de obrero, monto hornos, pantallas ledes, hago reformas, me sumerjo en la realidad de una vida normal, como la de todo el mundo de mi entorno. Pero aquí no lo puedo controlar: justo cuando debería estar bajo tierra, estoy en las televisiones de todos los españoles.

Vuelvo a ser muy famoso en el peor momento de mi vida. Justo cuando nadie debería haber estado mirando, se pusieron a mirar.

16

ME GUSTA CONDUCIR

Sé que lo digo mucho, pero lo voy a repetir: yo vengo de un entorno humilde y trabajador, y me crie en pisos de protección oficial en Parla. Mis mejores amigos son el Moro y el Gitano, y cuando lo cuento parece una caricatura de un barrio obrero, pero es que es verdad. Entre mis amigos de siempre, entre la gente con la que he crecido y a la que le digo «hola» por la calle, hay delincuentes, drogadictos, chorizos, expresidiarios y posiblemente también futuros presidiarios. Mucha gente que tiene una relación «flexible» con la ley, en el sentido de que a veces la cumplen y a veces no.

Lo más cerca que he estado yo de cometer un delito grave en mi vida tiene que ver con el carnet de conducir. Cuando nació Juanjito, yo no tenía carnet y tampoco mucha paciencia ni mucho sentido común. Y estaba encabezonado en copiar lo que había oído por ahí que la gente hacía: comprármelo en lugar de sacármelo. En realidad, lo que apañaban muchos actores y famosos a los que yo conocía, como Ana de Armas, Hugo Silva, Falete o Kiko Rivera, era irse a Cuenca y sacárselo en la famosa Autoescuela San Cristóbal. No se lo «compraban», sino que se lo sacaban en un sitio que les daba más facilidades, como cuentan en la serie *No me gusta conducir*.

Pero yo había oído campanas y no sabía muy bien dónde. Y un guardia civil retirado, que era un pirata, me ofreció hacerme un carnet falso. Uno que pudiera enseñar, pero que, si me metía en algún problema de tráfico, hubiera tenido un lío brutal.

Con el bebé en brazos me di cuenta de que un padre tiene que ser legal y correcto, así que me presenté en la autoescuela.

Claro que me presenté al volante de un Audi 80 que me había regalado mi antiguo representante, un 2.200 gasolina que acelerabas y se le levantaba el morro.

Aparcaba en la puerta de La Proa, que es la autoescuela de Parla, y el profesor me decía: «¿Pero tú? ¿Se puede ser más chulo? ¡Aparca en otro lado, hombre, que no te vea todo Parla!».

Y yo, que, efectivamente, en aquellos tiempos tenía todavía mucho de chulito, se lo discutía: «¡Pero si vengo de Illescas, a veinticinco kilómetros de aquí! Si cojo el autobús, tardo todo el día. Y además le acabo de dejar el niño a mi suegra. ¿Cómo lo llevo si no cojo el coche?».

El primer día yo creía que el instructor me iba a poner de copiloto y explicarme las cosas. El profe me miró como si fuera un necio. «¿Me estás vacilando? Anda y saca el coche de aquí, que te acabo de ver conduciendo y te tengo que quitar las manías.»

¿Qué manías? Pues eso de conducir con una sola mano, con el codo apoyado en la ventanilla, por ejemplo. ¿Como los tíos duros de las películas? ¿Como los chulitos? Pues claro.

Luego aprobé el teórico a la primera, sin fallos, al lado de cientos de chinos que se presentaron todos juntos ese día. Con el miedo que le tenía a ese examen, y me terminaron sobrando veinte minutos. ¡No me podía creer lo fácil que era! Me acuerdo de que la Vero me dijo: «Repasa, Juanjo». ¡Y al final fue ella la que tuvo dos fallos!

Pero luego, a la hora de la verdad, en el práctico, Vero aprobó a la primera y yo a la segunda, justamente por las manías. Y en aquel examen, con dieciocho añitos, tuve suerte y di con el lado bueno de ser actor.

Llego a la Dirección General de Tráfico a hacer por segunda vez el práctico, y el examinador me mira así y me dice: «¿Eres el Bola?». Y yo le dedico la mejor de mis sonrisas.

El examinador se gira hacia mi profe y le dice: «Joder, ¡cómo no me lo has dicho! —Y a mí—: Soy tu fan número uno. Escucha, da una vuelta y haz lo que quieras, porque te voy a aprobar igual».

Y me aprobó.

Cosa que no significa que yo no conduzca que te cagas.

El lado malo de ser actor también lo he vivido en relación con la policía de tráfico. Porque a veces te toca el poli malo, que te para y te dice: «¿Juan José Ballesta?».

Y tú ves que no solo te ha reconocido, sino que,

además, por lo que sea, tus películas no le han gustado.

«Carnet, documentación, el numerito del coche, ¿ha bebido usted, ha tomado drogas? Quite las llaves, póngalas encima del coche.»

Sin miramientos.

A mí se me escapa un suspiro y un comentario a quien viene conmigo de copiloto: «Bueno, a este ya le he caído mal».

«¿Cómo que "este"? ¡Señor agente!»

La poli tiende a verme como un chulillo, y algo de eso hay. Soy chulillo y madrileño, como mi padre, como mis tíos, como mis abuelos. De barrio, humilde, pero con dignidad. Somos todos así, chulescos.

Que luego somos todo corazón, pero eso solo lo ven si se acercan un poco. En Parla pasa a menudo, porque mucha gente lo sabe. Me piden pasta y yo, si tengo, se la doy. O les compro un bocadillo. O les pago el bono del metro.

Un día llego a casa, y me dice Juanjito:

—Papá, apestas, ¿dónde has estado?

—Dando una vuelta por ahí.

—Pues apestas.

—Es que me he encontrado con un amigo al que no le van las cosas muy bien, y le he dado un abrazo.

—Joder, papá, ¿te has vuelto a abrazar con el mendigo que vive en el local vacío? ¡No puedes ir abrazándote por ahí con todos los mendigos y los yonquis de Parla!

Y algo de razón tiene, pero es que yo crecí con

esta gente, fui con ellos al colegio, jugué con ellos al fútbol en los descampados. Haber tenido más suerte y un poco más de cabeza que ellos y haber estado más arropado por mi familia no me vuelve mejor. Me hace afortunado, y es de ley que los que tenemos más suerte ayudemos a quienes tienen menos. Mi lema siempre ha sido «si yo tengo, tú tienes». ¿No es la responsabilidad de los que tenemos más ayudar a los que tienen menos? Este tío no tiene una cama, no tiene una casa, no tiene una familia, va buscando portales donde pasar la noche. ¿Te imaginas lo que tiene que ser eso? ¿Cómo no le voy a dar un abrazo, aunque no se haya lavado en tres semanas? ¿Qué hacemos? ¿Fingimos que los pobres no existen, o que no son personas? A mí me da más asco eso que un tío que no haya visto un baño en quince días, qué queréis que os diga. Y además me parece que es mi obligación que Juanjito sepa que en mi casa pensamos así.

No voy a decir que todo lo malo que me ha pasado ha sido porque soy muy generoso y me doy a los demás (¡aunque en el fondo lo piense!). Yo tengo que reconocer que a veces soy un cafre.

El primer titular chungo que hubo sobre mí decía: «Juanjo Ballesta publica un vídeo en las redes sociales a 180 km por hora». Y era verdad. Tenía el corazón roto, y el ánimo por los pies, y mis colegas me llamaron para sacarme y animarme. Y le metieron gas al coche. Y yo, como un idiota, lo grabé. Pero ni iba conduciendo yo, ni íbamos puestos de nada. Solo fuimos idiotas.

Os doy contexto. Yo había conocido a otra mujer, Jacqueline. Una brasileña encantadora y me había enamorado hasta las trancas. Salía de mi relación con Vero y conocerla fue un subidón emocional muy fuerte. Lo proclamé a los cuatro vientos. Estar feliz, después de lo mal que lo había pasado, me parecía un milagro. Que el amor me diera otra oportunidad era completamente inesperado, y me tiré a la piscina como si fuera la de «Splash». Desde el trampolín de diez metros.

Pero Vero es la madre de mi hijo, y todavía había que arreglar muchos flecos de nuestra separación, quién pagaba qué cosa, quién se quedaba más tiempo con el niño... Al final con el niño me he quedado la mayor parte del tiempo yo, porque tengo más flexibilidad de horarios, porque vivo con mi madre, porque tenemos un hogar montado en el que Juanjito tiene estabilidad y orden. Yo puedo ir a recogerle al colegio casi todos los días, yo cocino, yo voy a las tutorías, yo me ocupo de ser padre. Me gusta ser padre.

Jacqueline, cuando vio el percal y todo lo que aún compartía con Vero, y se dio cuenta de que a mí cada dos por tres, en vez de llamarla por su nombre, se me escapaba decirle Vero, pensó que yo no estaba preparado para iniciar una relación. Y aquello me partió en dos.

Visto ahora, desde la distancia, me doy cuenta de que Jacqueline no es solo una mujer buena, sino que es sabia. Ella tenía razones para dejarme. Cuando me conoció yo no estaba del todo bien de la cabeza. Si hubiera estado bien, ¿de qué me pillan a mí en un coche a 180 km por hora, que me podría haber matado? Aunque no condujera yo, y aunque fuéramos sobrios.

Nos portamos como unos patanes, esto es así, por más que pueda justificarme. De aquel incidente, acepto la responsabilidad.

Ahora, de todo lo que me ha pasado después, no soy culpable.

Vamos con los hechos.

17

LOS HECHOS

En Parla han hecho un paseo de la fama en la que hay cuatro columnas. Una está dedicada a Bartolomé Hurtado, un arquitecto del siglo XVI que construyó la iglesia del Sacramento en Madrid y la ermita de Nuestra Señora de la Soledad, el monumento más importante de Parla. Otra lleva la cara de la soprano internacional Rocío Pérez, que ha cantado en los teatros más importantes de Europa. Otra es para Luna Fulgencio, una niña actriz que lleva trabajando desde los cuatro años y ha tenido papeles en todos los taquillazos en los que Santiago Segura hace de padre en apuros. El padre real de Luna es muy amigo mío, y si esa niña lo está haciendo tan bien no es solo por el talento increíble que tiene, sino porque su familia está muy centrada y es muy cariñosa. Yo sé lo importante que es eso para un niño actor.

Y la columna número cuatro lleva mi careto.

Os hacéis una idea, ¿no? Yo no doy un paso en Parla sin que me paren, me pidan un abrazo, yo lo quiera devolver, me eche una foto, digan de invitarme a algo, yo meta la mano al bolsillo para ayudar a otro. Mi vida es así.

Pero también soy un padre soltero de treinta y cinco años, y a veces llega el viernes y salgo por la noche.

Una noche de julio salí, me encontré con un colega, tomé cervezas, di besos a unos y a otras y me volví a casa. No recuerdo detalles de la noche, pero no porque yo fuera bebido, sino porque fue una noche común y corriente, una noche cualquiera.

Meses después, salta la noticia de que una mujer me acusa de agresión sexual. Tiene casi veinte años más que yo, es de la edad de mi madre y yo no la conozco. Poco a poco empiezan a salir detalles. Uno de los colegas con los que yo coincidí esa noche, uno más de los muchos conocidos a los que saludé, también está acusado. Le llamo para pedirle explicaciones. Él me cuenta que se trata de una mujer con problemas a la que él invitó a dormir en el salón de su casa porque no tenía dónde quedarse. Pero que él dormía en su cuarto, con su novia, que encima era policía. Y cuando se levantó por la mañana vio el salón lleno de copas sucias y de restos de drogas. Y le dijo que eso no podía ser y la echó de su casa.

Esto me cuenta este amigo mío. Yo no sé más que lo que él me cuenta, y no conozco de nada ni a esta mujer ni esta historia.

El caso es que semanas después de que supuestamente sucedieran «los hechos», desde el psiquiátrico en el que está ingresada nos llega una acusación que nos afecta a los dos.

Ojalá esa mujer no haya sido nunca agredida y esté fabulando. Ojalá mejore y se estabilice. Si le ha ocurrido algo, ojalá encuentre justicia y se castigue a los culpables. Ojalá no manipulen su testimonio, ni lo exploten las televisiones para ganar audiencia.

Pero también espero que esta historia, que está judicializada, no se alargue, porque no tiene nada que ver conmigo, y creo que si me ha rozado es porque soy famoso. Si me ves, tú te acuerdas de haberme visto, porque conoces mi cara. Pero al revés es más difícil, porque yo tu cara la he visto una sola vez.

Una acusación como esta acarrea un estigma enorme. Quien no te conoce sospecha de ti. Si el río suena, agua lleva; donde hay humo, hubo fuego, algo habrá hecho...; todos hemos dicho eso de algún famoso que se ve envuelto en un asunto judicial. Yo solo puedo confiar en que la justicia llegue a la verdad y lo haga deprisa.

¿Me ha perjudicado profesionalmente? Espero que no. Cuando salió la noticia, yo justamente estaba rodando una miniserie con Daniel Calparsoro sobre el atraco al Banco Central de Barcelona, donde hago de delincuente. Todo fuera de plano era un caos. Las cámaras de televisión en el barrio, persiguiendo a mi padre, hablando de mí en platós, publicando titulares escandalosos, y la gente llamándome bala perdida y juguete roto... Y yo haciendo una serie en Madrid, con peinado de quinqui de los setenta, rodando un alunizaje. Intentando que todo salga perfecto, que no haya que repetir ni una toma, clavar cada uno de los planos. Que nadie pudiera decir que no estaba concentrado.

Era todo surrealista. Calparsoro me cuidó mucho y confió en mí para hacer de delincuente en un momento en el que fuera de cámara también me veían como tal.

Gracias, Daniel, por no atender a los rumores y a las voces que decían que no había que fiarse de mí.

Pero se sufre, claro que sí. Te ves cuestionado. Sospechas que no se fían de ti, y todo empieza a liarse en una especie de círculo de paranoia en el que todo el mundo sospecha de todo el mundo: los demás, de que yo miento y escondo cosas, y yo, de que los demás piensan mal de mí.

Mantener la cabeza fría es muy difícil en una circunstancia como esta, así que yo hago lo que suelo hacer cuando algo me abruma y me supera: me encierro en casa, estoy con los míos, me agarro con fuerza a mis raíces, me acuerdo de cuál es la vida mejor. El campo, el silencio, la familia. Como le dije a Évole, yo no vivo con la gente. Sé quién soy, y cómo soy, y no dejo que me arrastre la marea.

Cuando tu reputación está en entredicho públicamente, vives un momento de gran vulnerabilidad. Y por más que quieras encerrarte y dejar que el torbellino pase, no puedes impedir que haya gente que se quiera aprovechar de eso y subirse al carro.

Esa fue la razón por la que terminé viviendo una de las peores noches de mi vida. Una noche que parecía una película, pero en la que yo hice un papel que nunca me había preparado.

Las cosas sucedieron así.

Un conocido de Hortaleza me ha estado llamando para proponerme grabar un videoclip para YouTube. Yo bajo con un amigo a tomar algo y acuerdo encontrarme con él. Atiendo a este conocido porque ya sabéis que está en mi naturaleza. Pero no tengo mucha intención de grabar nada con esta persona, que no sé muy bien quién es ni qué pretende hacer. En cualquier caso, nos vemos en la calle, es una cita informal. Yo tengo la conciencia de estar haciéndole un favor, porque ha insistido en verme y me parece feo negarme. Está haciéndose de noche, y mi amigo y yo nos hemos tomado un par de cervezas.

Lo que me cuenta no me convence. No tiene un plan, no tiene un proyecto. Yo no tengo por qué estar poniendo la cara en algo que no es profesional y que no me interesa. Le digo que no.

Y coge el tío y me da un puñetazo.

Congelemos ese plano.

Fue un golpe tan inesperado que ahora sé que lo del videoclip era un camelo, una excusa para hacerme el lío y sacarme dinero a mí, o quizá a las televisiones que le podrían comprar una historia, la que fuera, que tuviera que ver conmigo y que me dejara en mal lugar, al sumarse a la sospecha que había creado en torno a mí la otra acusación. Hablamos de esas mismas televisiones que llevan semanas negociando pagos y favores con la mujer que me acusaba. Y sí: las mismas televisiones que luego me llaman y me prometen muchísimo dinero para llevarme a sobrevivir a una isla. Esas televisiones. Ahora seguro que comprendéis mejor por qué no entro en según qué juegos de supervivencia.

Una de las cosas más deprimentes de todo este asunto es que venden más las historias negativas sobre los famosos que las positivas. Si acompañas a tu hijo a clase un día tras otro, si todas las noches haces la cena y veis una peli juntos, no te publican un reportaje. Pero si te metes en un lío, sea de la naturaleza que sea, si huelen violencia, o alcohol, o problemas personales, entonces sí hay interés. Y a veces uno se pone suspicaz y piensa: «¿Y si no fuera de Parla? ¿Si no trabajara en curros de obrero cuando no estoy haciendo pelis? ¿Esperarían más de mí? ¿Qué expectativas les genero cuando les gusta tanto escribir "juguete roto" o "¿qué fue de Juanjo Ballesta?"».

¿Cómo que qué fue de Juanjo Ballesta? Estoy aquí, nunca me he ido. Y nunca he dejado de trabajar. Solo que vivo mi vida mejor, fuera de los focos que no me interesan, y que nunca he buscado.

Pero nos habíamos quedado congelados en el puñetazo.

Yo no puedo devolverle el golpe. No me lo ha dado muy bien. Se le ha resbalado el puño, no me ha hecho casi daño. Y yo he sido campeón de España de *kick boxing*, no me tiro el pisto: puedo darle un puñetazo muchísimo peor. Sé perfectamente, sin asomo de duda, que no le puedo responder. Ahora, recordando el momento, y a pesar de todo lo que vino después, me consuela pensar que, incluso ante una provocación así, pude demostrar que no soy una persona violenta. Que puedo decir con orgullo que me comporté con templanza, que no se me fue la cabeza ni me dejé llevar por la ira.

Así que me lo quito de encima como puedo y salgo por patas. Mi amigo y yo nos metemos en el coche y arrancamos, huyendo de él. Y nos metemos en dirección prohibida para dar directamente de frente con un coche de la Policía Nacional.

Y ya sabéis lo que pasa entonces:

«Carnet, documentación, el numerito del coche. ¿Ha bebido usted? ¿Ha tomado drogas? Quite las llaves, póngalas encima del coche.»

Yo le explico a la pareja de agentes lo que ha pasado y, más allá de la infracción que acabo de cometer al meterme por prohibida, y por la que me van a multar y quitarme el coche, los policías son correctísimos conmigo y me dicen algo a lo que, a toro pasado, sé que tendría que haber hecho caso:

—Denúnciale. Si te ha pegado un puñetazo, denúnciale por agresión.

—¡Pero cómo le voy a denunciar, si es un conocido mío! No, no. Yo sé que se va a arrepentir —respondo yo, muy convencido.

El chaval me daba pena. Parecía claro que no estaba muy bien de la cabeza, y que había actuado desde una cierta desesperación.

Pero mientras estamos haciendo la prueba de alcoholemia (en la que me temo que sí, que doy positivo, aunque por la mínima), uno de los agentes recibe un mensaje y me mira en silencio. Hasta que dice:

—Te dije que le denunciaras.

—¿Qué pasa?

—Te acaba de denunciar él a ti.

—¡Qué dices! ¡Pero si yo no le he hecho nada! ¿Por qué?

—Te acusa de robarle una chaqueta y 50 euros.

—No me lo puedo creer.

—Estás detenido. Perdona, Bola, pero te tenemos que esposar.

En mi coche no había ni chaqueta, ni 50 euros, ni nada, pero estoy denunciado, he dado positivo y me he metido por prohibida. Suficiente mandanga como para que me lleven al calabozo, a pasar la peor noche de toda mi vida.

Me tienen esposado durante una hora y me llevan, primero, al calabozo de la comisaría del barrio de Hortaleza. Aquello está lleno de gente peligrosa. Puede que fueran todos tan inocentes como yo, pero os aseguro que no lo parecían.

De ahí me llevan a un calabozo en Moratalaz. Somos unos cuarenta tíos apretujados en una sala. Suelo de cemento. Mala luz. Me siento en el suelo, esperando que el rato pase lo antes posible. Pero entonces uno de esos tipos de repente empieza a orinar a mi lado, y me salpica. Le maldigo y los cuarenta tíos se ponen de su parte, se giran y me insultan y me amenazan hasta que se forma tal escándalo que me tienen que cambiar de calabozo.

Me meten en la celda de las mujeres. La mayoría son jóvenes carteristas, que se burlan de mí por haber caído en una celda de mujeres: «Maricón, nenaza...». Todo muy sofisticado y políticamente correcto, os podéis imaginar. Cuando empiezan a escupirme, yo las llamo guarras, y ellas se abalanzan contra mí y me intentan arañar. Yo hago lo que puedo para apartarlas con los pies. Es evidente que no les puedo pegar de vuelta, pero sí que puedo gritar, y grito: «¡Me están pegando, me están pegando!». Hasta que me sacan.

Acabo en plaza de Castilla. Yo estoy hecho una piltrafa. Tengo miedo, estoy agotado, sucio. Me siento muy desgraciado, atrapado por la injusticia, solo y asustado. No sé cómo ha podido terminar así una noche en la que salí de tranqui a tomar una cerveza y a intentar hacerle un favor a un conocido.

Pero en plaza de Castilla tengo más suerte:

—¡Chacho, tú eres el Bola! —me dice uno de los detenidos.

—Sí, soy el Bola, pero caducado —respondo yo, con el poco humor que me queda. Creo que nunca me he sentido más viejo y menos estrella de cine.

El que parece el jefecillo de los detenidos le dice a un pobre yonqui que ha acabado su noche también aquí que se aparte y me deje un sitio.

—Tú aquí, conmigo, protegido —me dice. Y sí, nadie me molesta en lo que queda de noche. El jefe cumple su palabra.

La casualidad quiere que terminemos siendo los dos últimos allí, solos en la celda.

Yo creo que lo que me está pasando da para hacer varias películas, pero no tengo ningunas ganas de ser el protagonista de ninguna de ellas.

Por fin me toca comparecer ante el juez. Es por videoconferencia. Nadie ha encontrado ni los supuestos 50 euros que me he llevado ni la famosa chaqueta. Evidentemente. Nadie puede encontrar nada porque yo a los amigos no les robo.

Me deja en libertad sin cargos.

A las pocas semanas tiene lugar el juicio rápido. El otro, el denunciante, mi conocido, el que me pegó un puñetazo y luego me acusó de haberle robado, no se presenta a la vista. Luego nos enteramos de que ha ingresado en un psiquiátrico. Yo sabía que bien no estaba ese chaval.

La causa queda archivada.

Pero mi nombre se ha visto arrastrado por el barro. La acumulación de dos causas es fatal, las búsquedas de mi nombre en Google son de terror. Mi reputación, enfangada. Por más que la causa se archive, las noticias no desaparecen. Siempre habrá un titular que diga: «El Bola, acusado de robar una chaqueta y 50 euros». Lo peor de todo, lo más doloroso, son esos titulares donde se usan expresiones como «juguete roto».

Yo no me he roto. Ni soy un juguete.

Tengo un curro en la empresa de mi amigo Koe, mi mejor amigo desde la infancia, un puntal en mi vida. El amigo que me defendía cuando otros chavales me querían pegar, normalmente por envidia. Es el amigo que, una vez que me caí con la moto, en la calle Pinto, en la puerta de Motos Pinto, me cogió en brazos y me llevó al hospital, que está en la otra punta del pueblo. Iba diciéndome: «Hermano, hermano, vas a estar bien», dándome besos todo el camino.

El Koe no sabe lo que es la envidia. Disfruta mostrando que está orgulloso de mí. Hasta se sabe los diálogos de *El Bola*, y los recita cuando estamos por ahí. También nos chinchamos, nos burlamos el uno del otro, nos tomamos el pelo, nos picamos. Parecemos una pareja.

El Koe tiene una empresa de pantallas ledes con otro socio, y, como tantas otras veces que mi trabajo ha flaqueado, él me ha ofrecido curro. Hacemos montajes de pantallas gigantes. Ya veis: a veces salgo en la pantalla grande y en otras épocas de mi vida toca repararlas, entregarlas o montarlas. Nos reunimos con clientes, preparamos presupuestos, compramos materiales. Salimos a las siete de la mañana de casa y volvemos a la hora de cenar. No paramos de currar.

Eso, cuando no tengo rodaje.

Porque yo soy actor. Siempre lo he sido y siempre lo seré. Haga o no haga películas. Espero que me quede muchísimo cine dentro, pero no se me caen los anillos en ningún otro trabajo.

Pero sigo siendo actor. Y muy bueno. Nací para esto. Seguiré siendo actor toda mi vida, aunque tarden en llamarme, aunque nunca vuelva a hacer un protagonista ni a ganar un Goya.

De todo esto que me ha pasado en el último año, de estas vivencias tan chungas, sacaré petróleo para papeles en el futuro.

Es un consuelo pequeño, pero me sirve.

Mi entorno me dice que aprenda a no exponerme tanto, a protegerme, a ser más estratega, a darme menos a los demás. A veces los amigos productores, o directores, u otros actores, me dicen: «No cuentes tanto, guárdate cosas para ti, no compartas tanto. Aíslate de tu entorno, céntrate en ti, cierra la puerta de tu casa».

Pero yo soy así. Llevo el corazón por fuera. Y en el fondo tengo la sospecha de que esconderlo podría, a lo mejor, perjudicarme como actor.

Este don, este regalo que me ha dado la naturaleza, es sagrado para mí y no pienso tocarlo.

18

UN HOMBRE DE ACCIÓN

Se apagan las luces en una sala de cine de París. En el patio de butacas hay solo cuatro personas. Pero no es por la crisis de este sector, es que la han alquilado para un pase muy especial. Quienes ocupan las butacas son el director, Javier Ruiz Caldera, el productor que lleva persiguiendo esta historia desde hace años, Edmon Roch, y dos mujeres: Ane Urtubia y su hija Julia, la viuda y la hija de Lucio Urtubia. Lucio ha muerto en 2020, mientras se preparaba la película sobre su vida. Hablamos de *Un hombre de acción*.

Lucio Urtubia fue un albañil y militante anarquista español que se exilió en Francia después de la guerra. Fabricó unas planchas de imprenta con las que falsificó miles de *traveller's cheques*, con los que estafó a un banco para financiar su partido anarquista. Un héroe obrero, una especie de Robin Hood del siglo XX.

Edmon Roch me conoce desde hace años, porque hice con él *Bruc*. Él recordaba que me aprendí el guion en catalán, primero como un lorito, y luego dándole la intención que necesitaba. Recordaba cómo me echaba kilos de material de cámara a la espalda a la hora de subir todos los días la montaña de Montserrat, para colaborar con el equipo, aunque el protagonista fuese yo. Recordaba, según me contó luego, mi capacidad de entrega, y mi mirada y el ambiente que generaba alrededor en el rodaje.

Cuando por fin consiguió levantar el proyecto sobre Lucio Urtubia, que llevaba años persiguiendo, pensó en mí. Le encajaba por edad, por pillería y chispa, por capacidad de inventiva y por idealismo. Supongo que también por albañil, por clase social, por venir de un entorno de escasos recursos. Y yo no puedo estarle más agradecido.

Claro que hubo pruebas, porque Javi Ruiz Caldera no me conocía y pensaba más en un navarro o un vasco. Pero yo también he hecho de navarro y de vasco. Y Edmon recordaba cómo me había aprendido el papel de Bruc en catalán, así que no tenía muchas dudas. Pero tenía que aprobarme Netflix, que no es una empresa que se conforme con cualquiera. Ellos necesitan que los proyectos traspasen fronteras. Eso lo convertía en una oportunidad genial también para mí.

Cuando dieron luz verde al proyecto, lo leí todo sobre Lucio Urtubia. Me empapé de su vida. Quería estar lo más cerca posible del personaje real. Era un proyecto muy importante para mí: un biopic en el que yo era el protagonista absoluto. Creo que de todos los días de rodaje solo hubo uno en el que no trabajé. Gran parte de la grabación fue en la ciudad de Vigo, y yo por las tardes me iba a pescar.

—Juanjo, que mañana te queremos fresco —me decía Edmon. Y yo pensaba: como el pescado. Y seguía pescando por las tardes. Me ayuda a concentrarme, me da mi centro. Ya no traigo a «mi tribu» conmigo, como la llamaba Edmon, pero pescar también me ayuda a focalizar. Con la caña en la mano me olvido de que estoy solo.

Edmon me decía: «¿Cómo es posible que tengas la misma energía que hace quince años? Eres igual de inocente... ¡e igual de temerario! ¡Me sigues haciendo sufrir igual! ¿Cómo te vas a pescar si mañana tenemos una jornada de doce horas y tú estás en todos los planos?».

Yo me reía. Pero no debió de molestarle tanto, y yo llegaría fresco a pesar de pasarme pescando la mitad de la noche, porque cuando acabó el rodaje, los compañeros me regalaron una caña. Buenísima, por cierto, todavía la uso.

La familia de Lucio ha dejado al equipo de la película trabajar sin inmiscuirse. Han querido poner bastante distancia entre la película y ellos. Ni siquiera han querido leer el guion y no saben lo que se van a encontrar cuando se meten en ese cine en París. Saben que soy yo quien interpreta a su padre y marido, pero no han visto ni pruebas de cámara, ni me han visto caracterizado..., nada.

Edmon me cuenta que estaba nerviosísimo. Ni siquiera Netflix había visto el resultado final, porque querían que fueran ellas, su familia, quienes la vieran primero de todo. Estaban en su derecho y en cierta medida la película era para ellas.

Cuando acaba la proyección y se encienden las luces, Edmon ve que están emocionadas. Han reconocido a Lucio en mis gestos. He conseguido transmitir su espíritu hasta el punto de que Julia dice que se la pondrá a sus hijas para que vean cómo había sido su abuelo.

Vieron verdad en lo que contamos.

Ese ha sido, por ahora, mi último papel protagonista. Un hombre bueno, de origen obrero, apasionado por su familia, con un don para crear algo que parece real. ¿Me identifico con él?

Muchísimo.

Si, por lo que fuera, mi carrera terminara aquí, creo que podría estar muy orgulloso del papel que he hecho en el cine. No solo de la verdad con la que he construido mis personajes, sino de los amigos que he hecho en tantos rodajes, del compañerismo con el que me he comportado, de cómo me he entregado en todos los proyectos en los que he participado.

Pero mi carrera no ha terminado. Estoy convencido al cien por cien. De hecho, a la hora de escribir estas últimas líneas me queda todavía una serie por estrenar.

Pero sé que cuando eres un actor famoso desde la infancia, tu estrella no puede brillar igual de fuerte en todo momento. A veces tu estrella pone el intermitente.

Y a veces el intermitente lo pones tú, porque necesitas bajarte de las alturas, parar y alejarte de los medios, de la mirada de los demás, te hace falta volver a pisar la tierra, recorrer tu barrio, estar con los tuyos, currar de normal.

Todos podemos hacer eso. Parar, bajarnos de la ambición, replegarnos, para volver a saltar más alto.

¿Ahora qué espero de la vida? Ojalá más papeles en buenas películas o series. Ojalá un proyecto de terror. O de ciencia ficción.

Ojalá enamorarme otra vez. Ojalá darle una hermanita a mi hijo.

Ojalá Juanjito siga siendo el buen chaval que es. Y ojalá, aunque tenga novia, se eche en el sofá alguna tarde a ver una peli con su padre.

Y así pulo el don, este talento delante de la cámara que me ha dado la naturaleza, para lo que he nacido. Yo lo cuido así. No lo intento moldear, no hago cursos, no me miro al espejo, no me doy pisto, no me quejo de las horas de rodaje, no le doy importancia. Vivo mi vida, trabajo en lo que me sale, hablo con todo el mundo, sigo siendo el mismo polvorilla de siempre. Busco la vida mejor: la vida del campo, la vida sencilla, la naturaleza, la familia y los amigos de verdad.

Y mientras tenga eso controlado y en orden, puedo esperar el momento de dejar a mi don brillar.

AGRADECIMIENTOS

Para escribir mis hazañas en el cine y en la vida me he apoyado en la memoria de muchísima gente. Para empezar en la de mi madre: sin ella no tendría ninguna vida, ni dentro del cine ni fuera. No solo me sirve de memoria auxiliar, sino que es mi gran apoyo en todo. Y Mabel Ordóñez, mi representante, es como mi segunda madre: todo lo bueno que me está pasando últimamente, incluido escribir este libro, se lo debo a ella. También a su compañera de trabajo Alena Mazol.

Hemos hablado con muchísimos directores y actores que se han convertido en amigos. Le debo gracias muy especialmente a Gerardo Olivares, director de *Entrelobos*, uno de los mejores papeles de mi vida. Sin su ayuda, el capítulo 8 sería muchísimo peor de lo que es. Lo mismo puedo decir de dos compañeros que son como mis hermanos mayores en el cine: el director Gorka Merchán y el actor Roberto Enríquez, dos de las personas a las que más quiero y admiro en mi vida. Quiero agradecer la generosidad que tuvieron con su tiempo y con su memoria. Y también decirles: chavales, a ver si nos vemos y os hago un arrocito.

Luisa Martín, maravillosa actriz y mejor persona, tenía en la cabeza los centenares de episodios que hicimos juntos en *Servir y proteger*, y el director Agustín Díaz Yanes, Tano, que confió en mí para *Oro*, también me ayudó a poner en orden mis recuerdos de aquel rodaje fascinante en Tenerife.

Igualmente buscaron entre sus propios recuerdos productores que han contado conmigo varias veces, como Andrés Santana, Edmon Roch o Ramón Campos, gente ocupadísima que sin embargo tuvo tiempo para colgarse un rato del teléfono y recordar rodajes en los que yo fui más o menos salvaje dentro y fuera de cámara. Tina Baldeón me ayudó a poner en orden mis recuerdos de «MasterChef», una de las experiencias televisivas más potentes de mi vida, donde aprendí muchísimo y que además me ayudó en un momento complicado.

Este libro no lo he escrito solo. Quiero agradecer a Eva Cruz que haya sabido meterse en mi cabeza y pasar mis ideas y recuerdos a la escritura, y a Martina Torrades, de Destino, por ayudarnos a los dos a darle forma.

También quiero recordar aquí a mi hijo, a Juanjito, que no sé si leerá este libro porque está cansado de las batallitas de su padre, pero me gustaría que supiera que todo lo bueno que hago en mi vida lo hago para ser un mejor ejemplo para él.

Muchas gracias por llegar hasta aquí.
Escanea este código QR y descubre mi mensaje: